텃밭과
밀 벌레와
신성한 손

어느 식소수자의 풍성한 사계

텃밭과
밀 벌레와
신성한 손

신아영 지음

이매진

[이매진의 시선 29]

텃밭과 밀 벌레와 신성한 손
어느 식소수자의 풍성한 사계

초판 1쇄 2025년 10월 31일
지은이 신아영
펴낸곳 이매진 **펴낸이** 정철수
등록 2003년 5월 14일 제313-2003-0183호
전화 02-3141-1917 **팩스** 02-3141-0917
이메일 imaginepub@naver.com
블로그 blog.naver.com/imaginepub
인스타그램 @imagine_publish
ISBN 979-11-5531-158-5 (03810)

본 사업은 2025년 부산광역시 [부산광역시] , 부산문화재단 [부산문화재단] 〈부산문화예술지원사업〉으로 지원을 받았습니다.

차 례

머리글 외딴섬에서 배우다 · 9

1부 바보가 되겠습니까?

식소수자를 위한 나라는 없다 · 17
빛과 소금 · 21
오트밀을 다시 만나다 · 25
그때는 모르고 지금은 알게 된 · 29
비트에서 배우다 · 34
소박한 밥상 · 37
모심의 손 · 42
제약 속의 창의 · 47
미지의 맛을 요리한다는 것 · 51
바보가 되겠습니까? · 54
눈물의 맛 · 60

2부 밥의 평범성

불편함이 가르쳐 준 것 · 67

은행 손질하기 · 72

꿈속에서 · 75

다정한 헤아림 · 78

급식의 기억 · 81

밥의 평범성 · 86

병명 없는 병 · 91

고단한 하루 · 99

대접과 거절 · 101

대단하다는 말 · 104

마켓컬리와 할머니의 텃밭 · 108

귀찮지만 즐거운 일 · 116

자립의 집밥 · 119

밥은 먹었나? · 123

3부　어쩌다 미식가

맛의 조화 · 127
청국장 변주곡 · 130
도서관 시식회 · 134
어쩌다 미식가 · 138
미안한 마음 · 141
세뇌와 번뇌 사이에서 · 144
비싸지 않은 풍요로움 · 150
먹방과 상상의 맛 · 155
재미난 맛 · 160
음식 냄새가 불러일으키는 것들 · 165
달달한 기억의 맛 · 170

4부 두부를 많이 먹어라

특별한 선물 · 176
위반에서 회복으로 · 184
새로운 난관 · 191
가서 차나 드세요 · 197
가을이 기다려지는 이유 · 200
밤 하나의 미세한 세계 · 209
씨앗을 심다 · 215
밀 벌레, 바구미 · 215
몸과 몸 · 219
미니 밥솥 들고 떠난 여행 · 225
넘어서기, 아니 밀어내기 · 229
열 번의 요가 수업 · 235
두부를 많이 먹어라 · 243

● 머리글 ●

외딴섬에서 배우다

아끼는 동화책이 있다. 갑작스러운 사고로 외딴섬에 갇힌 생쥐 이야기, 《아벨의 섬》이다. 몇 년이 지난 지금까지 그 책을 처음 읽던 순간이 선명히 떠오른다. 희붐한 새벽녘 침대에 기대어 책장을 넘기던 나는 어느 때부터 허리를 꼿꼿이 펴고 책을 향해 몸을 기울였고, 온 감각을 집중해서 아벨이 겪는 여정에 깊숙이 빠져들었다. 마지막 장을 넘긴 뒤에는 벅차오르는 감정을 가눌 길 없어 한참을 여운 속에서 헤어 나오지 못했다.

이야기는 나들이를 나선 아벨과 아내가 폭풍우를 맞는 장면으로 시작한다. 아벨은 바람에 날아가는 아내 스카프를 붙잡으려다 비바람에 휩쓸려 낯선 섬에 표류하는데, 금방 구출될 것이라는 예상과 다르게 그곳에서 긴 시간을 홀로 보내게 된다. 그러니까 이 책은 예기치 않은 사건이 한 존재를 어떻게 바꾸어놓는지를 섬세하고 깊이 있게 그려낸 동화라고 할 수 있다. 어떤 경험은 몹시 고통스럽지만, 그 일이 아니면 결코 만나지 못할 새로운 길을 열어 주기도 한다. 내가 이 동화에 그토록 몰입하게 된 이유도 여기에 있다. 아벨이 섬에서 보낸 여정 위에 내가 지나온 어떤 시간들이 겹쳐 보인 것이다.

20대 초반, 뚜렷한 원인도 병명도 알 수 없는 통증이 찾아왔다. 잘 치료하면 금방 나을 수 있으리라 기대했지만, 몸은 점점 더 나빠져만 갔다. 양방과 한방을 오가며 여러 병원을 찾아다녀도 나아지기는커녕 정확한 진단도 받지 못했다. 이 뜻밖의 고난 앞에서 나는 어쩔 줄 몰라 우왕좌왕했고, 언제쯤이면 이 고통에서 헤어날 수 있을지 질문하며 막막한 시간을 견뎌야 했다. 낯선 섬에서 홀로 사투를 벌이던 아벨의 이야기가 낯설지 않게 다가온 것은 그런 이유 때문이다.

특히 아벨이 혹독한 시간을 헤쳐 나가며 조금씩 달라지는 모습은 깊은 울림을 줬다. 안락한 집에서 품위와 교양을 지키며 살아온 아벨은 맨몸으로 섬에 떨어진 뒤 난생처음 야생의 삶을 맞닥트린다. 현실을 부정한 시간도 잠시, 아벨은 곧 부지런히 식량을 모으고 생활에 필요한 물건들을 손수 만들면서 자급자족하는 삶의 기술을 익힌다. 그동안 해 본 적 없는 일들은 하나같이 어렵고 성가셨지만, 그 과정에서 아벨은 혼자 힘으로 많은 일을 해낼 수 있다는 사실을 천천히 깨닫는다. 어릴 때처럼 밤하늘의 별들이랑 다시 교감하는가 하면, 조각상을 빚는 예술 활동에 몰두하면서 새로운 삶의 기쁨도 맛본다. 탈출할 수 있다는 희망을 결코 놓지 않으면서, 주어진 하루하루에 충실하던 아벨은 어느 날 멀리 떨어진 아내에게 영적인 교신을 시도하다가 어떤 소통에 이르기도 한다. 조금 터무니없어 보일지 모르는 이런 장면들에서 나는 이상하게도 마음이 좀 벅차올랐다. 고단한 생활 속에서 저도 모르게 점점 더 풍요로워지는 그 삶이 경이로웠다. 아벨은 이렇게 좌절과 원망으로 채워지고 말 수도 있는 시간을 묵묵히 견디며 성장의 계기로 반전시켰다.

어느 날 찾아온 통증은 아벨을 휩쓸어 간 비바람처럼 한순간에 나를 낯선 곳으로 데려갔다. 나도 처음에는 그저 낙관한 것 같다. 마음먹고 매달리면 금방 치료가 될 수 있다고, 알아보면 다 방법이 있다고 믿었다. 그러나 상황은 다르게 흘러갔다. 어떤 치료도 효과를 보지 못했고, 원인조차 발견하기 어려웠다. 좀처럼 앞이 보이지 않던 그 시기, 그래도 나는 희망이라는 것을 붙잡아 보려고 애썼다. 여기저기를 수소문하며 새로운 치료 방법을 알아보고, 효과를 보지 못하더라도 크게 낙담하지 않으려 노력하면서 말이다. 그러는 사이에 나를 즐겁고 힘 나게 만드는 일에도 소홀하지 않았다. 마음을 다잡고 해야 할 일과 하고 싶은 일을 놓지 않고 해 나갔다.

그러던 어느 날, 드디어 통증에 효과가 있는 치료법을 만났다. 난생처음 들어보는 '체질 의학'이었다. 잘은 몰라도 지금까지 살아 온 방식을 많이 바꿔야 하는, 근원적이고도 까다로운 치료법이라고 했다. 심지어 내 몸에 나타난 증상은 완치되는 종류가 아니어서 평생 관리해야 한다는 말을 들었다. 그때부터 주식인 쌀밥을 끊고 몇 가지 정해진 곡물과 채소를 먹으며 생활하기 시작했다. 그 과정에서 겪은 무수한 감정의 격동은 이루 다 말할 수 없다. 먹는 일이 한 사람의 삶에 이렇게 커다란 영향을 미칠 수 있다는 사실에 내내 놀라워한 날들이라고 할까. 몸만 나을 수 있다면 무엇이든 다 할 수 있을 듯했고, 그럴 줄 알았는데, 막상 닥치고 보니 말처럼 쉽지만은 않았다. 내 감정은 하루하루 널을 뛰었다.

수년간 시행착오를 거치며 치료에 매진한 결과 몸은 서서히 회복됐지만, 생각지 못한 새로운 부작용이 생겼다. 음식 충동을 조절하기 어려워진 것이다. 이번에는 억압된 욕구를 음식의 양으로 대체하려는 습성 때문에 심각한 위 질환과 우울, 무기력을 겪어야 했다. 원인 모를 통증에 시달릴 때처럼, 또 식이 조절에 적응하며 어려움을 겪을 때처럼 고통스럽고 힘들었다. 그러니까 이 치료법은 나를 살린 구원의 길인 동시에 만만치 않은 수행의 길이자, 언제든 또 다른 늪으로 빠질 수 있는 난해한 여정이기도 했다. 마침내 해답을 찾은 줄 알았는데, 그 길 역시 무수한 혼란이고 물음표였다. 다만 이 시간을 통해서 건강을 돌보는 일이란 어떤 치료를 받느냐에 앞서서, 자기 몸을 온전하고 세심하게 만나고 느끼면서 제힘으로 치유하는 길고 긴 과정이라는 점만큼은 분명하게 깨닫게 됐다. 구원은 멀고 아득한 곳이 아니라, 지금 여기 내 몸에서 찾아야 했다.

지나고 보니 건강을 회복하려 애쓰던 시간은 전혀 생각해 보지 않은 삶으로 나아가게 만든 전환점이기도 했다. 아픈 몸을 치료하느라 학업을 잠시 쉰 일이 중요한 계기였다. 한 학기로 예상한 휴학이 네 학기로 늘어나는 동안 나는 동네 사람들이 뜻 모아 설립한 사립 공공 도서관에서 활동가로 일하기 시작했고, 덕분에 우리 마을의 공동체를 더 깊이 만날 수 있었다. 이웃들이랑 부대끼며 지내는 그 시간 동안 움츠러들던 몸과 마음에 서서히 생기가 차올랐고, 뭔가 새로운 길이 열리는 듯한 기분을 느꼈다. 달라진 생활이 내 마음에 어떤 변화를 준 것일까. 2년이 지나 다시 학교로 돌아가야 할 시기가 왔을 때, 나는 그동안 의심 없이 걸어온 길에서 벗어나 다른 삶을 따라가 보기로 했다. 대학원 공부를 이어 가는 대신에 내가 자란 이곳에서 일하고, 공부하고, 이웃들이랑 부대끼며 살아가기로 결심한 것이다. 어딘가 허공에 붕 뜬 듯한 생활이 단단한 땅에 내려온 기분이었다. 그동안 여러 시행착오를 겪으며 어떻게 해야 내 몸이 덜 아픈지 알게 됐듯이, 이 시간은 어떻게 살아야 내가 좀더 나다운 모습으로 즐겁게 살아갈 수 있는지를 알려 준 것 같다. 지금도 종종 생각한다. 한 번도 예상한 적 없고 원한 적 없는 일들을 맞닥트리면서, 여러 혼란과 괴로움을 감당하는 와중에, 내가 진정으로 바라던 삶의 모습에 더 깊숙이 다가설 수 있었다고.

평생 적응할 수 없을 듯하던 식이 조절에 익숙해지면

서, 내가 먹는 음식들을 전보다 더 깊고 풍부하게 즐길 수 있게 된 점 또한 뜻깊은 변화다. 먹을 수 있는 음식의 가짓수는 그전보다 줄어들었지만, 음식을 느끼는 감각은 더욱 섬세하게 살아났다. 더불어 내 몸으로 세상을 느끼고 받아들이는 감각도 조금씩 새로워진 듯하다. 그러니까 이 생활은 단지 '다르게 먹는' 차원을 넘어서, 그전하고는 다른 눈으로 보고, 느끼고, 겪으며 살아가도록 이끌었다.

돌아보니 나를 외롭고 막막하게 한 그 섬에서, 나는 어느 때보다 더 깊고 충만해질 수 있었다. 섬으로 표류하게 된 일이 갑작스레 자기 삶을 덮친 불행한 사고가 아니라 인생의 다른 길을 열어 준 뜻밖의 계기라는 것을 깨달은 아벨처럼, 나도 힘들던 시간들을 비로소 다르게 받아들일 수 있게 된 것이다. 다만 나는 더는 아벨처럼 지금의 현실에서 벗어나려 애쓰지 않는다. 이제 나는 아프기 이전의 '원래' 삶이 아니라 내가 머무는 '여기에서' 세상 모든 것들을 더 깊이 만나고 교감하며 살아가기를 바란다. 나랑 이어진 무수한 것들의 소리를 잘 듣고 성실히 응답하는 삶 말이다. 그렇게 내 한 몸을 잘 돌보면서, 머지않아 내 주변도 살뜰히 보살피는 그런 생활로 나아갈 수 있다면 좋겠다.

바보가 되겠습니까?

● ● ● ● ●

식소수자를 위한 나라는 없다

"그게 뭐예요?" 체질식을 시작하고 가장 자주 듣는 질문이다. 소음인이나 태양인 같은 사상체질을 들어본 사람들은 많아도, '팔체질'은 생소하고 체질식이라는 말도 낯설다 보니 그렇다. 발음이 비슷한 탓인지 '체질식'을 '채식'으로 오해하는 사람도 적지 않다. 따지고 보면 내 체질은 모든 육류와 유제품을 먹지 않으니 채식이라고 해도 틀린 말은 아닌데, 일반적인 채식보다 제약이 더 많다는 점이 다르다. 이런 오해 때문에 체질식을 이야기할 때면 항상 부연 설명이 필요하다.

"체질식은 자기 체질에 맞는 음식만 가려 먹는 거예요. 한의학에는 팔체질이 있는데, 여덟 가지 체질 중에 자기 체질을 찾아서 자기 몸에 이로운 식단과 생활을 병행하면서 몸을 치료해요."

이렇게 설명하고 나면 사람들은 몇몇 음식을 먹지 못하는 정도라고 생각한다. 한약을 먹을 때 밀가루나 육류, 술, 카페인 같은 음식을 제한하듯 말이다. 그렇지만 체질식은 '먹지 못하는 음식'이 아니라 '먹을 수 있는 음식'을 떠올리는 쪽이 더 빠르다고 할 만큼 제약이 큰 식이 요법이다. 양

넘이나 조미료까지 엄격하게 제한돼 있어서 외식은 사실상 어렵다고 보면 된다. 이를테면 비빔밥집에 가서 몇 가지 채소를 골라내고 먹거나 식당에 나오는 반찬 중에 먹을 수 있는 음식만 골라 먹는 일은 불가능하다.

무를 먹을 수 있지만, 깍두기나 무생채나 생선조림에 들어간 무를 먹을 수 있다는 뜻은 아니다. 채 썰어 익히고 소금 간을 살짝 한 무 정도만 먹을 수 있기 때문이다. 당근이나 버섯, 애호박을 먹을 수 있지만, 마찬가지로 푹 찌거나 홍화씨기름에 볶아야만 한다. 된장 같은 음식은 시중에서 파는 제품은 안 되고, 국산 콩과 소금으로 만든 된장에 내 체질에 맞는 몇 가지 채소를 넣은 된장국만 먹을 수 있다. 오미자나 매실도 마찬가지다. 오미자청이나 매실청, 매실장아찌도 당연히 먹지 못한다. 그러다 보니 체질 음식인데도 먹을 일 없을 때가 더 많다. 첨가물 없이 원재료만 섭취하기가 어렵기도 하고, 그렇게 할 바에는 굳이 먹을 이유가 없는 음식이 적지 않기 때문이다.

이렇게 하나하나 가려내다 보면 정말 밖에서 사 먹을 수 있는 음식이 거의 없다. 가을이나 겨울이 되면 길에서 파는 군밤이나 볶은 은행 정도가 전부다. 그래서 같이 밥이나 한번 먹자는 제안에 언제나 미안한 대답을 할 수밖에 없다. "제가 밖에서는 먹을 수 있는 음식이 하나도 없어요." 이렇게 말하면 상대는 묻는다. "그럼 차라도 할까요?" 아, 어디 차라도 편하게 마실 수 있으면 좀 좋을까. 커피는 물론이고 캐모마일이나 페퍼민트, 홍차 같은 차 종류도 나에게 맞지 않는 음식이라니 카페에서 시킬 메뉴가 없다. 그래서 다른 사람들이랑 카페에 가야 할 일이 생기면 내가 마실 수 있는 차를 꼭 챙긴다.

밥 한 끼, 차 한 잔 같이하면서 친밀감을 나누는 일이 어렵다 보니 사회생활은 물론 인간관계를 이어 가는 데에도 여러 제약이 따른다. 소중한 제안에 반갑게 응할 수 없는 상황이 매번 답답하고 아쉽다. 처음보다는 이런 일에 감정 소모를 덜 하는 편이지만, 그렇다고 아예 무던해지지는 않는다. 언제쯤 여기에서 자유로워질 수 있을까. 몸이 하루아침에 바뀌지는 않을 테니, 내가 적응하는 수밖에 없다.

가끔 밖에서 식사해야 할 때면 나는 따로 도시락을 챙긴다. 일행이랑 함께 식당에 들어가 양해를 구하고 도시락을 먹는다. 일행이 여러 명이면 그나마 괜찮지만, 단둘이 들어가면 은근히 눈치가 보인다. 어쩔 수 없이 메뉴 두 개를 시켜서 음식을 남기게 되니 아깝기도 하다. 혼자일 때는 마땅히 도시락 먹을 장소가 없어서 난감할 때도 있다. 그래서 챙겨 간 도시락을 그대로 집에 들고 온 적도 여러 번이다. 그때마다 나 같은 사람들이 밖에서 편하게 식사할 수 있는 곳이 있으면 좋겠다고 생각했다. 정해진 비용을 내고 테이블과 물과 수저 등을 자유롭게 이용할 수 있는 식당이 있다면 어떨까?

곳곳에 체질식 전문 식당이 생겨서 자기 체질에 맞는

음식을 먹을 수 있는 미래도 이따금 상상한다. 그러나 이윤을 따르는 음식 장사에서, 소수를 위한 식당을 운영해 타산을 맞추기는 쉽지 않은 일이다. 각각의 체질에 맞추려면 조리법도 까다롭고, 건강한 재료를 써야 하니 단가가 높을 수밖에 없다. 그래도 식소수자에 관한 인식이 미비하던 과거에 견주면 요즘은 꽤 희망적인 상황이라 할 만하다. 비건 전문 식당이 여러 곳에 생기고, 비건을 위해 특화된 식료품도 적지 않다. 이주 노동자의 국적에 따른 다양한 외국 음식점도 눈에 띄고, 심지어는 할랄 음식도 어렵지 않게 구할 수 있다. 그렇지만 섭식 장애가 있는 이들이나 체질식을 해야 하는 식소수자들에게는 여전히 사정이 여의찮다. 한마디로, 식소수자를 위한 나라는 없다.

어디서 먹지? 어떻게 먹지? 이런 고민 없이 밖에서 편하게 밥 먹을 수 있는 날이 올까?

빛과 소금

며칠 전 한의원에서 차례를 기다리며 누워 있는데 옆 침대에서 진료하는 소리가 들렸다. 한의사가 몸 상태를 물으니 환자가 두통도 있고 몸 여기저기가 안 좋다며 증상을 이야기했다. 몇 번 대화가 오가다가 한의사가 던진 질문에 귀가 번쩍 뜨였다. "혹시 지금 간을 해서 드십니까?"

소금과 간장만으로 음식 간을 하는 8번(목음) 체질인으로서 음식을 조리할 때마다 혹시나 소금을 못 먹는 체질은 없는지 궁금할 때가 있었다. 염분은 사람 몸에도 있으니 지나치게 먹지만 않는다면 해로울 리는 없겠거니 여겼지만, 곧 그 생각이 바뀌었다. 나에게 안 맞는 어떤 음식이 다른 체질에는 이로운 음식이 되듯이 소금도 비슷할 수 있기 때문이다. 만약 내가 소금을 먹지 못하는 체질이라면? 잠시 떠올리기만 해도 아득해져서 '악' 소리가 절로 나왔다. 아무리 달달한 음식을 좋아한대도 나는 밥 먹을 때는 단맛보다 짠맛이 더 중요한 사람이다. 단 음식이 없는 식탁은 참을 수 있어도 간을 하지 않은 밥과 반찬은 상상하기도 싫다. 밥 하나, 오트밀 죽 하나, 당근과 기름 하나. 단출하게 한 끼를 먹을 때마다 나에게 빛이 된 존재가 소금이다.

우물쭈물하던 환자는 소심히 대답했다. "간이 안 된 음식은 도저히 못 먹겠어서 소금 간을 살짝만 해서 먹고 있어요." 아, 그 심정이 정말 이해됐다. 나도 처음 체질식을 시작한 때 고춧가루를 끊기가 힘들어서 두부조림에 조금씩 넣어 먹은 기억이 났다. 곧이어 한의사가 말했다. "이 체질은 다른 사람이 먹을 때 구역질이 날 만큼, 또는 '이걸 도대체 어떻게 먹어?'라는 말이 나올 정도로 간이 안 된 음식을 먹어야 합니다." 나도 모르게 가슴을 쓸어내렸다. 소금만은 제약 없이 먹을 수 있는 내 상황에 얼마나 안도했는지. 그러니까 저 체질은 저염식도 아니고 무염식을 해야 했다. 그것도 매일. 대체 무슨 맛으로 음식을 먹을까. 내 질문에 답하듯 한의사가 덧붙였다. "이 체질은 짠맛 대신에 참기름 맛이나 후추 맛으로 음식을 드셔야 해요."

참기름 맛이나 후추 맛이라니, 쉽게 상상이 가지 않았다. 그 이야기를 듣는데 불현듯 얼마 전 읽은 이상명의 《맛을 보다》가 떠올랐다. 우리가 혀로 느끼는 맛에는 단맛, 짠맛, 쓴맛, 신맛, 감칠맛이라는 다섯 가지가 있는데, 최근 어느 연구에서 여섯째 기본 맛으로 '지방 맛'을 제안했다. 여기에 더해 칼슘 맛도 기본 맛 후보로 언급되고 있었다. 기름지고 고소한 지방 맛에 이어 잎채소를 먹을 때 느껴지는 짠 듯 쓴 듯한 칼슘 맛까지, 처음 들어보는 맛 이름들이 생소하면서 재미있었다. 연구가 거듭될수록 기본이 되는 맛의 종류가 하나씩 늘어난다는 사실을 알게 되니, 과학이

발달할수록 인간이 맛볼 수 있는 미각 세계도 점점 넓어질 수 있겠다는 생각이 들었다. 이렇게 다양한 맛의 세계도 있겠지만, 몇몇 맛에 집중해서 그 맛을 더 깊이 음미하고 누릴 수 있는 세계도 있다. 넓이가 있으면 깊이도 있듯, 광대한 맛의 세계 말고도 심오한 맛의 세계가 있다는 말이다. 내가 소금 하나로 맛의 신세계를 경험하듯, 익숙해지면 어느새 참기름 맛과 후추 맛으로 맛있게 뚝딱 밥 한 그릇 비우게 되는 날이 올 수도 있다. 달고 짜고 신 맛이 아니라 그 밖의 다른 맛으로 얼마든지 음식을 먹을 수 있는 것이다.

한 끼를 충분하고 맛있게 먹는 일이 중요한 나에게 소금은 소중한 조미료다. 식이 조절을 시작한 뒤로는 식사 중에 조금이라도 간이 싱거우면 소금이나 간장을 더 챙기는 습관이 생겼다. 여러 음식을 골고루 먹지 못하는 만큼 간이나마 더해서 완성도를 높이고 싶은 욕구가 크다고 할까. 무엇보다 제대로 간이 된 음식은 그냥 먹을 때보다 훨씬 맛이 좋다. 소금만 좀더 넣어도 음식 맛이 살아나고 달라져서 신기할 정도다.

체질식을 하면서 입에 붙은 재료 본연의 맛도 대부분 '소금까지 넣은 맛'이었다. 이를테면 콩국도 그냥 먹을 때보다 소금을 넣어 먹으면 훨씬 맛있고, 늘 먹는 채소볶음도 간이 생명이다. 가끔 반찬이 없을 때는 밥에 소금이나 간장만 조금 넣어 먹기도 한다. 도시락 반찬을 따로 준비하기 번거로울 때는 통밀밥에 소금 몇 꼬집만 뿌려서 나갈 때도 있다. 짠맛이 귀한 반찬인 셈이다. 처음 체질식을 시작할 때만 해도 '겨우 소금 하나'였는데, 지금은 '없어서는 안 될 소중한 소금'이 됐다.

   소금을 먹을 수 없는 체질이 있다는 충격이 며칠 내내 가시지 않았다. 아니 어떻게 소금 없이 음식을 먹을 수 있지? 돌아보면 나도 처음 식단 조절을 시작할 때 그런 질문을 숱하게 던졌다. 어떻게 이것만 먹고 살지? 어떻게 고춧가루와 설탕, 마늘과 양파, 멸치 육수 없이 음식을 먹지? 그렇지만 사람은 적응의 동물인지라 말이 안 된다고 여긴 그 생활에도 차차 익숙해졌다. 어쩌면 우리에게 친숙한 맛이란 반복적으로 노출되면서 길들인 '습'이 가져온 결과일지도 모르겠다. 체질식을 하면서 습관이 된 맛에서 이탈하는 새로운 경험을 자주 한다. 그러면서 알게 됐다. 반복해서 먹으면 자연스레 친숙해지고, 친숙해지면 전보다 그 맛을 더 사랑하게 된다는 것을.

   음, 그래도 솔직히 소금 없는 밥은 좀 그렇다. 내 밥상에 소금이 있어서, 간장이 있어서, 짠맛이 있어서 요 며칠 문득 더 다행스럽고 행복하다.

오트밀을 다시 만나다

돈 없는 학생 때는 인터넷 쇼핑몰에서 옷 구경하기가 소소한 취미였다. 원하는 옷을 마음껏 사지는 못해도 마음에 드는 옷을 장바구니에 넣어 두는 재미가 쏠쏠했다. 그때마다 행복한 고민은 색상 고르기였다. 신중한 비교 끝에 최종 선택한 옷은 대개 오트밀 색상이었다. 처음에는 오트밀이라는 글자가 낯설었지만, 아이쇼핑을 거듭하면서 어느새 친숙해졌다. 흰색과 베이지의 중간쯤, 말하자면 조금 더 환한 베이지에 가까운 색을 오트밀이라고 불렀다. 적당히 화사하면서 깔끔한 색감인데다 어떤 옷에도 무난하게 어울리는 점이 마음에 들어서 언제부턴 오트밀은 최애 색이 됐다. 나에게 색깔일 뿐이던 오트밀이 식재료라는 사실은 더 나중에 알게 됐다.

대학생 때였다. 어느 날 카페에서 음료를 주문하는데 그달의 시그니처 메뉴가 눈에 띄었다. '오트밀라떼'였다. 오트밀이 음식이라는 사실을 알게 된 뒤 어떤 맛일지 종종 궁금하던 나는 망설이지 않고 주문했다. 토피넛라떼처럼 고소한 맛을 기대하면서 한 입 마시다가 깜짝 놀랐다. 뭔가가 씹히는데 종이인지 모래인지 모르게 텁텁했다. 퍼석퍼석한 식감에 무맛인 이 아이는 대체 뭘까. 차마 삼킬 수가 없어서 되새김질하듯 계속 씹었다. 아까워서 몇 번 더 시도해도 역시나 내 입맛에는 맞지 않았다. 그 뒤 오트밀이 들어간 메뉴를 만날 때마다 그날 경험이 떠올라 나도 모르게 인상을 찌푸렸다. 다시는 오트밀 들어간 음식을 시키나 봐라.

그러던 내가 지금은 매일 오트밀을 먹는다. 심지어 세 끼를 전부 오트밀로 때울 때도 있다. 오트밀 특유의 퍼석퍼석한 식감이 좋아졌고, 씹을 때마다 느껴지는 고소한 맛도 즐기게 됐다. 첫 만남을 떠올리면 놀라운 변화다.

체질식을 시작할 때는 쌀 대신 밀이 주식이 돼야 한다고 해서 난생처음 밀밥을 지어 먹었다. 최대로 도정한 통밀을 불려서 밥을 지으면 쌀이랑 또 다른 색감과 맛을 지닌 갈색 밥이 완성됐다. 익숙하지 않은 밀밥을 먹고 있자니 포슬포슬하고 단맛 나는 흰 쌀밥이 그리웠다. 아쉬운 대로 밀밥에 변화를 주고 싶어서 귀리쌀을 섞었다. 통밀만 넣고 지을 때보다 더 맛있어서 지금껏 귀리 통밀밥을 즐겨 먹는다. 그때만 해도 귀리와 오트밀이 같은 곡식에서 나온 줄 몰랐다. 그러니까 귀리를 볶아서 압착하면 오트밀이 되는 것이었다. 모양뿐 아니라 맛도 식감도 전혀 다른 두 식재료가 하나라는 사실이 나는 여전히 신비롭다.

그러다 어느 날은 오트밀을 샀다. 카페에서 한 경험이 떠올라 썩 내키지 않았지만, 먹을 수 있는 음식이 한정되고 보니 오트밀이 새삼 귀하게 다가왔다. 오트밀은 대개 죽으로 먹는다고 해서 나도 따라 했는데, 생각보다 나쁘지 않았다. 물을 만난 오트밀은 식감이 조금 더 부드러워졌고, 소금이나 간장으로 간을 맞추니까 끼니 대용으로 괜찮았다. 그때부터 오트밀을 수시로 먹고 있다. 밥 짓기 귀찮을 때, 빠르게 끼니를 해결해야 할 때 가장 먼저 오트밀이 떠올랐다. 끓는 물에 넣고 일이 분 잘 저으면 금세 오트밀죽이 완성되니 이런 간편식이 또 없다. 식이 섬유를 비롯해 좋은 영양분이 많아서 다른 사람들도 아침 식사나 다이어트 식품으로 오트밀을 즐겨 먹는다고 한다.

귀리쌀은 밀이랑 섞어 밥으로 지어 먹고, 귀리를 압착한 오트밀은 죽으로 끓여 먹고, 볶은 귀리를 빻은 가루는 미숫가루로 타 먹는다. 오트밀 불린 물을 잘 짜서 우유나 두유 대용으로 마실 수도 있다. 사람들이 '귀리유'라고 부르는 음식이다. 귀리 하나로 이렇게 다양한 음식을 즐길 수 있다니 놀라울 뿐이다. '불호'라고 생각한 음식이랑 가까워지고 다양한 쓰임새를 알게 되면서 식재료가 지닌 위대함을 느낀다. 이제는 오트밀을 간식처럼 먹기도 하고, 밥에 섞기도 한다. 요 며칠은 볶은 귀리가루를 물에 탄 뒤에 오트밀을 말아 먹고 있다. 압착 정도에 따라 식감과 맛도 미세하게 달라져서, 때에 따라 변주해서 먹는 재미도 있다.

오트밀을 즐겨 먹기 시작한 뒤부터 곳곳에서 계시처럼 오트밀 이야기를 만나고 있다. 그림책《할머니가 남긴 선물》에서는 매일 아침 할머니와 손녀가 오트밀로 밥을 먹고, 동화책《조금만, 조금만 더!》에서는 편찮은 할아버지에게 손자가 오트밀죽을 만들어 준다. 그림책《할머니의 뜰에서》에는 언어가 달라 의사소통이 어려운 손자에게 오트밀을 푸짐하게 담아 아침으로 건네는 할머니가 나오고, 소설《하니와 코코》에는 방 안에서 오트밀과 여러 가지 간식거리를 해치우는 외로운 여자아이가 있다. 소설《나의 산에서》에 나오는 주인공은 혼자 살아가는 산속에서 오트밀로 끼니를 때우고, 아스트리드 린드그렌이 쓴 동화《내 이름은 삐삐 롱스타킹》이나《라스무스와 방랑자》에도 오트밀이 자주 등장한다. 특히 외국 동화나 그림책에서 오트밀을 만날 때가 많은데, 그때마다 서양에서는 오트밀이 친숙한 식재료라는 사실을 깨닫는다. 며칠 전 읽은 동화《도미니크》에서는 동물들이 귀리로 부침개를 해 먹었고, 이효석이 쓴 단편 소설〈산〉에서는 다가오는 봄에 귀리를 갈려고 하는 사내를 만났다. 관심 밖일 때는 보이지도 않던 귀리와 오트밀이 지금은 일상 곳곳에서 튀어나온다.

이제 내 밥상에는 귀리와 오트밀이 빠지지 않고 올라온다. 책 속에서도 수시로 오트밀을 만난다. 그런데 얄궂게도 내 옷장에서는 더는 오트밀을 찾기 어렵다. 내 얼굴에는 짙은 색이 더 잘 어울린다는 사실을 알게 된 뒤부터 오트밀처럼 연한 색 옷을 거의 사지 않기 때문이다. 옷장에서 사라진 오트밀을 이제는 식탁에서 매일 만난다. 이 무슨 기묘한 인연일까.

그때는 모르고 지금은 알게 된

매운맛, 짠맛, 쓴맛, 단맛, 신맛. 다섯 가지 맛이 난다고 해서 붙은 이름이라지만, 나에게 오미자는 오래도록 달달한 음료였다. 설탕 넣어 만든 오미자청만 먹어 본 탓이다. 여름이면 자주 마시던 시원한 오미자청 주스는 신 음식을 유독 못 먹는 내 입맛에도 잘 맞을 만큼 적당히 새콤하고 달았다. 어느 여름에는 카페에서 파는 수제 오미자청을 사 와서 한 계절이 다 가도록 즐겨 먹기도 했다. 오미자 특유의 상큼한 맛이 열기를 식히고 입맛도 북돋워서 자꾸 생각이 났다.

그러다 체질식을 시작하면서 처음으로 오미자'청'이 아니라 오미자'차'를 맛봤는데, 한 모금을 마시는 순간 바로 깨달았다. 내가 못 먹을 음식이겠구나. 뜨거운 물에 우린 건오미자차는 너무 시고 떫었다. 맵고 짜고 단 맛은 모르겠고, 그저 인상이 찌푸려지게 시었다. 신맛 때문에 자두나 포도, 복숭아도 잘 먹지 않는 내가 감당하기에는 분명 버거운 맛이었다. 기대를 안고 산 건오미자 한 봉지는 그렇게 오랫동안 냉동실에 방치됐다.

그런 오미자가 작년부터 필수품이 됐다. 특별한 계기는

없었고, 그냥 한 번 두 번 마시는 횟수가 늘어나면서 자연스레 오미자 맛에 적응하게 됐다. 자주 가던 동네 찻집도 영향을 미쳤다. 평소 카페에서 마실 수 있는 음료가 없어서 자릿값으로 커피를 종종 시켰는데, 그곳에는 오미자차 메뉴가 있었다. 정갈하고 아늑한 분위기 때문에 체질식을 하기 전부터 좋아하던 장소라 더 반가웠다. 지인들이랑 예쁜 찻잔에 우려 마시는 오미자차는 나 혼자 먹을 때보다 왠지 더 맛이 좋았고, 그 덕에 데면데면하던 오미자에 차츰 정을 붙일 수 있었다. 처음에는 눈을 질끈 감고 '윽' 소리를 내던 신맛을 어느새 태연하게 즐기게 된 것이다. 낯설고 불편한 맛에 서서히 가까워지는 사이 내 미각도 조금씩 달라졌다.

오미자 맛에 적응하면서 집에서도 종종 차를 끓여 마셨다. 어느 여름에는 찬물에 넣고 여덟 시간 정도를 우려 '오미자 물'을 만들었는데, 그때부터 오미자에 더 푹 빠졌다. 더운 날 시원하게 마시는 오미자 물이 너무 상쾌하고 맛있었다. 뜨거운 물에 우리는 차하고는 또 다르게 더 싱그러운 맛이었다. 오미자 물이 지닌 매력을 알고서 유기농 국산 건오미자를 주기적으로 사 먹기 시작했다. 오미자가 떨어질 즈음에는 불안한 마음에 서둘러 여러 개를 주문했고, 오미자 물이 부족하지 않도록 전날 밤 미리 우려 두는 일이 루틴으로 자리 잡았다. 모르는 새 나는 이미 '오미자 덕후'가 돼 있었다.

오미자 물에 맛을 들이고 나니 맹물은 어딘가 심심하고

밋밋했다. 지인들을 집에 초대해 집밥을 대접하면서 오미자 물을 맛보라고 내놓은 적이 있다. 오미자 물을 한 모금 마신 언니는 예전의 나처럼 화들짝 놀라서는 서둘러 컵에 생수를 부었다.

나름대로 연하게 우렸는데, 언니에게는 그 정도도 강렬한 맛인 듯했다. "나도 처음에는 그랬는데, 신기하게 계속 먹으니까 적응이 되더라. 지금은 오미자 맛에 완전 중독됐다니까." 아마 언니가 이 말을 이해하기는 쉽지 않을 듯하다. 나도 내 입맛이 이렇게 바뀔 줄은 몰랐으니까.

체질식을 하면서 내 '식성'이나 '입맛'이 많은 부분 경험과 학습의 결과라는 사실을 깨닫는다. 돌아보니 나는 자주 접한 익숙한 맛을 자연스레 선호하며 살아왔다. 낯선 맛에는 우선 거부감을 느꼈고, 내 입맛에 안 맞는다며 선을 긋고 거리를 뒀다. 입맛은 쉽게 변하지 않는다고, 어쩌면 평생 바뀌지 않는다고 믿었다. 그런데 경험해 보니 꼭 그렇지도 않았다. 처음에는 별로 마음에 안 든 음식도 몇 번 더 시도하면 그런대로 괜찮다고 느끼는 순간이 왔다. 시간이 좀 걸리더라도 자주 만나다 보니 각 식재료가 지닌 고유한 맛과 매력을 차츰 알 수 있었다. 오트밀, 밤, 배, 비트, 오미자, 통밀이랑 그렇게 친해졌다. 식재료가 본래 지닌 달고 짜고 떫고 신 맛을 부담스럽게 여기던 내가, 온갖 첨가물로 뒤덮인 인공 맛에 길들은 내가 이렇게 달라질 수 있다는 사실이 신기하고 놀랍다.

지금은 매일같이 먹는 오트밀도 처음에는 그저 무맛, 종이 맛, 모래 맛, 왜 먹는지 도저히 이해하지 못할 맛이었고, 소중한 간식인 밤도 먹는 노동이 귀찮다는 이유로 눈앞에 있어도 쳐다보지 않았다. 지금은 우수수 떨어지는 밤가루나 옷에 튀는 밤물에 대비해 앞치마까지 두르고서 치아 교정을 한 입이 뻐근해질 정도로 야무지게 파먹는데 말이다. 무랑 뭐가 다른지 모르겠다며 한번 먹고 잊은 비트도 매일 주스로 마시거나 밥에 넣어 먹는다. 종종 비트가 들어간 보라색 된장국을 경쾌한 기분으로 즐기기도 한다. 적은 수의 음식을 깊이 맛보고, 느끼고, 즐기고, 무엇보다 소중하게 여기며 살아가는 지금이 마음에 든다. 체질식을 하면서 내 미각은 전보다 섬세해진 듯하다. 단순히 미각만이 아니라 세상을 느끼고 받아들이는 방식 또한 조금 달라졌다. 모든 감각은 그렇게 연쇄되어 영향을 주고받는지도 모르겠다.

문득 궁금해졌다. 세상에 있는 많은 음식을 맛보며 사는 삶과 적은 음식을 깊이 만나는 삶 중 무엇이 더 풍요로울까? 여기에는 어떤 우열도 없고, 그러므로 정답도 없다. 개개인이 느끼는 데 따라 다를 뿐이다. 다만 이 식생활이 다양한 음식을 마음껏 즐기는 삶에 견줘 덜 풍요롭다고 말할 수는 없다는 것을 이제는 알게 됐고, 그런 사실이 다행스러울 뿐이다.

요즘은 다시 오미자랑 멀어졌다. 치아 교정을 시작한

뒤이니 벌써 1년이 다 돼 간다. 교정 뒤에 자꾸 윗니가 거 뭇거뭇해져서 정기 검진 때마다 착색 제거 시술을 했는데, 원인을 알지 못해 답답했다. 치과 의사가 평소 먹는 음식 중에 착색이 될 만한 것이 없는지 물어도 마땅히 떠오르지 않았다. 카페인 음료도 마시지 않고 식단도 제한하는데, 도대체 원인이 뭘까. 계속 궁금한 마음만 품고 있다가 어느 날 혹시 싶어 오미자를 끊으니 증상이 사라졌다. 인터넷을 검색하니 예상이 맞았다. 오미자 속 신맛에 치아 브라켓 철사가 녹은 탓이었다. 윗니 철사 아랫부분만 착색이 된 이유가 여기에 있었다. 몇 달 만에 수수께끼가 풀렸고, 아쉽게도 교정이 끝날 때까지 오미자를 끊기로 했다.

그런 사정 때문에 아찔한 신맛에 진저리를 치면서도 그 맛을 있는 그대로 즐기던 감각이 이제는 좀 흐릿해졌다. 교정이 끝나고 다시 오미자차를 마실 때, 내 혀는 여전히 그 맛을 반갑게 받아들일까? 처음 오미자차를 마실 때처럼 '윽' 하고 화들짝 놀라지 않을까? 그렇지만 곧 익숙해지리라는 사실을 알고 있어서 그런지 별로 걱정되지 않는다. 한번 그 매력에 빠져 봤으니, 낯선 맛하고도 얼마든지 친해질 수 있다는 걸 경험으로 알게 됐으니, 그런 걱정은 접어 둬도 될 것 같다.

비트에서 배우다

며칠 전, 소변을 보고 물을 내리려다 깜짝 놀랐다. 선홍빛 물감을 푼 듯 투명한 물 위로 한 줄기 붉은색이 진하게 번지고 있었다. 피 같기도 하고 아닌 듯도 한 붉은 선의 정체는 대체 뭘까. 처음 보는 광경에 당황스러우면서 걱정이 됐다. 요 며칠 일상에 어떤 변화가 있었나 곰곰 생각하니 한 가지가 짚였다. 비트. 얼마 전 비트를 사서 끼니마다 먹고 있다. 혹시 비트 때문일까? 비타민을 먹으면 유독 소변 색이 노랗게 변한 기억이 났다.

휴대폰으로 '비트 소변 색깔'이나 '비트 소변 붉은색' 같은 말을 검색했다. 예상이 맞았다. 비트를 먹으면 일시적으로 대소변이 빨갛거나 분홍색으로 변한다는 기사를 보고서야 놀란 가슴을 쓸어내렸다. 아, 그래서 그랬구나. 새삼 이 아이의 존재감이 강하게 다가왔다.

비트는 보라색 무다. 껍질을 벗기고 흐르는 물에 씻으면 금세 싱크대가 보랏빛으로 물든다. 칼로 자르는 잠깐 사이에 내 손도 도마도 진한 보라색이 된다. 꼭 물감 놀이 하는 느낌이다. 껍질을 벗겨 잘게 썬 비트는 오트밀이나 볶음밥에 넣어 먹는데, 넣자마자 오트밀도 밥알도 쨍한 보라색이 된다. 버섯과 두부가 올라간 허여멀건 밥상이 비트 하나로 금세 생기가 도는 것이다. 화사한 비트오트밀죽과 비트볶음밥, 비트버섯볶음을 먹으면 내 기분도 덩달아 밝아진다. 음식을 먹는다기보다는 꼭 색을 먹는 기분이라고 할까. 음식 맛에도 색이 있다면, 비트는 제 색깔처럼 쨍한 보라색 맛이다.

체질식을 시작하고서 비트라는 존재를 '제대로' 알게 됐다. 어디에서 본 적은 있지만 '이게 비트구나' 하면서 먹은 적은 없었다. 한의원에서 받은 체질 식단표에서 '비트'라는 두 글자를 볼 때도 그래서 별 감흥이 일지 않았다. 무는 친숙해도 비트나 래디시는 생소해 선뜻 먹어볼 마음도 안 든 것 같다. 체질식에 어느 정도 익숙해지면서 새로운 재료에 도전하기 시작했는데, 엄마가 담가 준 비트동치미도 그중 하나였다. 통밀 가루를 옅게 풀어 비트와 무를 넣고 소금으로 간한 음식이었다. 그때는 내 식단이 하나같이 맛없는 때라서 비트를 먹으면서도 별다른 맛을 느끼지 못했다. 엄마 정성은 듬뿍 담겨 있지만 밋밋하고 심심한 맛은 어쩔 수 없었다. 짜고 달고 매운 맛을 걷어 낸 음식의 고유한 맛은 시간이 더 지난 뒤에야 알게 됐다.

한동안 잊고 지낸 비트가 얼마 전 문득 떠올랐다. 그래, 내가 비트도 먹을 수 있는데 왜 까먹고 있었지? 무슨 맛이었더라? 궁금한 마음으로 검색하니 마침 8월이 제철이다. 우선 2킬로그램을 주문했다. 3년 만에 먹는 비트였다. 체질식을 하다 보면 늘 식단이 비슷한데, 종종 까먹고 있던 식재료가 떠오르면 이렇게 반갑다. 얼마 전에는 꿈에 연근이 나와 꿈속에서도 '아, 내가 연근을 먹을 수 있는데 한동안 잊고 있었구나!' 하며 반가워했다.

집에 도착한 비트는 크기가 제각각이었다. 물에 씻고 갈색 껍질을 벗기니 쨍한 색감이 드러났다. 가까이 대하고 보니 비트는 여러모로 독특한 식재료였다. 색도 맛도 개성이 뚜렷하다. 무슨 음식이랑 먹어도 퍽 조화롭다. 비트에만 있는 은근한 단맛은 당근이나 무에 있는 단맛하고는 또 다르다. 시원하고 아삭한 식감도 새롭다. 푹 쪄서 당근이나 배랑 같이 갈아 먹으면 또 다른 별미다. 무엇보다 비트를 먹을 때는 눈과 혀와 마음이 즐거워서 음식 먹는 일이 재미있게 느껴진다.

체질식을 하면서 식재료 하나하나를 자세히 들여다보고 탐구하는 습관이 생겼다. 그때까지는 뭐가 비트인지, 어떻게 먹는지, 무슨 맛인지 모르고 관심도 없었다. 지금은 비트 하나가 마치 새로운 세계처럼 다가온다. 비트만이 지닌 맛과 색, 식감에 집중하면서 전보다 음식을 더 깊이 음미할 줄도 알게 됐다. 이런 변화가 나도 놀랍다. 요즘에는 저마다 다양하고 고유한 식재료가 모두 소중하게 느껴진다. 먹을 수 있는 음식은 줄었지만, 그런 제약 속에서 나는 오히려 더 풍요로운 맛의 세계를 만난다.

소박한 밥상

하루 중 밥 먹을 때가 가장 즐겁다. 식사 시간이 다가오면 설레는 마음으로 나만의 한 끼를 차려서 식탁에 앉는다. 귀리를 섞은 밀밥에 몇 가지 채소가 전부다. 홍화씨기름에 당근과 버섯을 살짝 익히면 금방 식사 준비가 끝난다. 여기에 가끔 도토리묵, 콩나물, 비트나 연근 등이 추가된다. 반찬이 똑 떨어지면 오트밀 하나, 또는 밀밥과 간장으로 한 끼를 때우기도 한다.

이 단출한 밥상이 나는 정말 좋다. 날마다 먹어도 질리기는커녕 매번 새롭게 맛있다. 하루에 세 번뿐인 끼니때가 손꼽아 기다려지고 식사 시간이 끝나가는 게 아쉬울 정도다. 이제 내 일상에는 '오늘 뭐 먹지?' 궁리하는 즐거움 대신에, 이미 아는 맛을 떠올리는 기쁨이 함께한다.

처음 체질식을 시작할 때만 해도 나는 이 상황을 불행의 서막이라 여겼다. 맛있는 음식을 먹거나 원하는 음식을 먹을 생각에 설레는 일만큼 삶에서 큰 즐거움은 없다고 생각하며 살아온 탓이다. 대식가도 아니고 가리는 음식도 많지만, 그래도 나는 취향껏 음식을 골라 먹으며 맛을 즐기는 사람, 그러니까 '먹는 즐거움'을 아는 사람이었다. 그러니 '오늘 뭐 먹지?'라는 즐거운 고민이 사라진 현실이 그렇게 우울할 수 없었다.

사람은 적응하는 동물이라 시간이 지나면서 차차 이런 일상에 익숙해졌지만, 그렇다고 아쉬움이 완전히 사라지지는 않았다. 지금도 종종 마음대로 먹고산 시절을 그리워한다. 그렇지만, 좋아하던 '맛'들을 전처럼 크게 욕망하지는 않는다. 새로운 맛을 발견했고, 그 맛이 또 다른 매력으로 나를 사로잡은 까닭이다. 말하자면 그 맛은 가장 순하면서 강렬한 맛, 그러니까 식재료에 본디 들어 있는 맛에 가까웠다. 그 맛을 알게 되면서 내가 먹는 음식을 진정으로 사랑하게 됐다.

예전의 나는 마땅히 먹을 것이 없을 때마다 라면을 집어 들었다. 엄마가 갓 지은 밥과 반찬으로 정성 들여 한 상을 차려 줄 때도 종종 입맛이 없다며 냄비에 물을 올렸다. 학교에서도 급식 메뉴가 마음에 안 드는 날에는 매점에서 산 과자로 때우거나 근처 슈퍼마켓에서 컵라면을 사 먹었다. 어른이 되고 나서는 과자나 초콜릿, 커피로 배를 채울 때도 잦았다. 맛에 예민하지만 건강한 맛에는 그다지 관심이 없는 시절이었다. 체질식을 시작하고서 체중이 많이 줄어든 것도 그런 이유였다. 도무지 맛이 없어서 먹지를 못한 것이다. 자극적인 맛이 빠지니 모든 음식이 밋밋하고 싱겁게 느껴졌고, 먹는 재미를 잃으니 삶의 의욕도 훅 떨어졌다.

분명 그랬는데, 지금 나는 밥과 간장과 한두 가지 반찬으로 한 끼 식사를 맛있게 해치운다. 이런 변화를 어떻게 설명해야 할지 잘 모르겠다.

얼마 전 미니멀리스트 이나가키 에미코가 쓴 《먹고 산다는 것에 대하여》를 읽으며 내 마음하고 꼭 같은 구절을 만났다.

> 그런데 그런 맛있는 음식과는 차원이 다른 이 소박하고 단조로운 밥상이, 나는 너무나 그리워 어쩔 줄을 모른다. 정말이다. 누구보다 내가 가장 놀라고 있지만 이건 분명한 사실이다.
>
> 가까운 카페에서 오전에 해야 할 일을 마치고 점심을 먹으러 갈 때면 자전거를 얼마나 쌩쌩 몰고 가는지. 도착하자마자 밥을 푸고 국을 뜨고 쌀겨에 절인 채소를 꺼내 썰고, 우적우적, 후루룩후루룩, 엄청난 집중력으로 눈앞의 그릇을 깨끗이 비워낸다. …… 메뉴는 거의 바뀌지 않는데 질리지가 않는다. '질린다'는 생각이 머리를 스친 적조차 없다.

에미코는 밥상이 단순해질수록 밥이 더욱 맛있어지더라고 말했다. 단조로운 식사에 익숙해지면서 맛에 민감해졌고, 그렇게 음식의 고유한 맛을 발견하면서 깜짝 놀라는 일이 매일 반복된다고 했다. 나도 에미코처럼 언제부터 소박하고 단조로운 밥상이 '너무나 그리워 어쩔 줄을 모른다.' 게다가 그 사실에 '누구보다 내가 가장 놀라고' 있다.

예전 같으면 결코 상상하지 못할 일이기 때문이다.

에미코가 말한 대로 단순하고 담박하게 먹을수록 혀의 감각은 되살아났다. 설탕, 고추장, 올리고당, 물엿, 액젓, 깨소금, 후추 등 음식 맛을 살리는 첨가물을 먹을 수 없게 된 뒤로 나는 오로지 소금에 의지했다. 감칠맛이 사라진 음식에 적응하기가 쉽지 않았지만, 지금은 소금 하나로 낼 수 있는 무궁무진한 맛에 감탄한다. 이제 나는 소금이면 그저 충분하다.

단순한 밥상은 일상에 보기보다 큰 자유와 해방감을 안겨 줬다. 처음에는 원하는 음식을 선택할 자유를 잃었다고만 생각했는데, 그런 상황은 때로 '무엇을 먹을지 고민하지 않아도 될 자유'가 되기도 했다. 무엇을 먹을지 궁리하는 일은 즐겁지만 더러는 피곤한 고민이라는 사실을 그제야 깨달았다. 그런 고민은 대개 자극적이고 편리한 맛을 좇아서 건강을 해치는 식사로 이어질 때가 많았다. 물론 지금이라고 메뉴 고민을 전혀 안 하지는 않지만, 주어진 식단 안에서 하는 고민이라 금방 답이 나온다. 식재료를 살 때도 딱히 머리 아플 일이 없다. 늘 사는 종류가 정해져 있으니 그렇다.

먹는 데 쏟는 에너지가 줄어들면서 일상은 더 단순하고 편안해졌다. 남는 에너지를 모아 다른 데에 더 알차게 쓸 수도 있다. 그중에서도 다른 혀로 새로운 맛을 더 세심하게 느낄 수 있게 된 변화가 무엇보다 좋다. 마치 음식이랑 더욱 내밀하게 교감하는 기분이다. 덕분에 이런 말을 진심 담아 할 수 있게 됐다. "지금 나는 이 소박한 밥상이면 그저 충분하다."

모심의 손

어젯밤 드디어 가와세 나오미 감독이 찍은 〈앙: 단팥 인생 이야기〉라는 영화를 다 봤다. 앞부분만 보고 미뤄 놓다가 몇 년 만에 완주했는데, 영화는 그 공백의 시간이 아쉬울 만큼 여운이 깊고 진했다. 잔잔하되 큰 울림을 주는 서사도 마음에 들었지만, 무엇보다 주인공 도키에 역을 맡은 키키 키린이 한 연기가 참 좋아서 세상을 떠난 배우가 문득 더 그리워졌다. 키키가 아니면 누가 그런 배역을 그토록 잘 소화할 수 있었을까.

영화는 10대 시절부터 한센병 격리 시설에서 살아온 70대 중반 고타에가 도라야키 가게에서 아르바이트하며 벌어지는 이야기를 그린다. 도리야키는 얇은 빵 사이에 단팥을 넣은 일본 디저트인데, 우리말로 하면 단팥빵이지만 모양은 좀 다르다. 도리야키는 단팥이 생명이고, 단팥은 어떤 사람보다 도키에가 잘 만든다. 격리 시설 안에서 오래도록 친구랑 함께 양과자점을 운영하면서 솜씨를 기른 덕분이다. 도키에는 바로 그 단팥 덕분에 일흔여섯 나이에 손이 성치 않은데도 아르바이트를 시작할 수 있었다.

도키에가 단팥 만드는 과정을 보고 있노라면 사람 마

음을 움직이는 깊고 진한 맛이란 단순히 음식을 정성 들여 만드는 차원을 넘어선다는 생각이 든다. 이 땅에 나는 모든 것들은 서로 먹고 되먹이면서 대자연을 구성한다는 섭리를 체득한 자가 지니는 겸허에서 우러나온 맛이라고 할까. 그러니 도키에의 손맛이란 곧 자연 만물을 대하는 자기만의 태도에서 비롯된다고 말할 수도 있겠다. 도키에는 불리고, 삶고, 저으면서 중간중간 힘내라며 팥에 말을 걸거나 더러는 팥이 하는 이야기에 귀를 기울인다. 팥소를 만드는 모든 과정에서 서두르지 않는다. 천천히, 성심껏, 마치 아기 다루듯 조심스럽게, 스스로 말하듯 팥을 '극진히 모신다.' 콩 껍질 까기를 귀찮아한 내 모습을 떠올리면 놀라울 만큼 정성스러운 태도다. 그렇게 만든 음식이라면 먹어 보지 않아도 충분히 맛을 알 것 같다.

아니나 다를까, 손님들도 대번에 달라진 맛을 알아챈다. 업소용 단팥에는 견줄 수 없는 깊은 맛이 사람들 마음을 사로잡은 것이다. 한산하던 가게 앞은 곧 줄지어 선 사람들로 북새통이 되지만, 머지않아 그 열기는 사그라지고 만다. 도키에가 한센병 환자라는 소문이 퍼진 탓이다. 휑해진 가게 앞을 어리둥절하게 바라보는 모습에 가슴이 시렸다. 저런 현실이 도키에가 평생 마주하고 감당해야만 하는 벽이었겠구나, 나는 결코 가늠할 수 없는…….

도키에는 타인을 이해하지 않는 자비 없는 세상에서 아무 잘못 없이 무참히 짓밟히며 살아야 했다. 병력과 그 병

때문에 변형된 신체가 평생 도키에를 가뒀다. 국어 교사라는 어릴 적 꿈을 펼칠 작은 기회조차 누릴 수 없었고, 배 속에 품은 소중한 생명도 끝내 낳지 못했다. 그렇지만 도키에는 차별받고 멸시받은 그 몸으로 세상이랑 깊이 교감하며 모든 것을 사랑으로 끌어안았다. 타인과 세상을 더 섬세하게 헤아리고 감응하는 몸이 됐다. 한평생 수난 겪은 손이 다른 사람을 먹여 살리는 손이 된 것이다. 그 역설 앞에서 많은 생각이 들었다.

길가에 선 나무들에 손 흔들어 환하게 인사할 줄 아는 사람에게는 해와 달도 '해님'과 '달님'이다. 도키에는 세상 모든 존재가 나름의 언어가 있다고 믿는 사람이라 자연 만물이 속삭이는 소리를 들으려 언제나 정성스레 귀를 기울였다. 도키에는 이 땅에 함께하는 많은 존재가 생명의 그물망으로 촘촘히 이어져 있다는 사실을 잘 알고 있었다. 온 세상이 자기를 만들고 있듯이 자기 또한 세상의 한 부분을 만드는 귀하디귀한 존재라는 사실을 온몸으로 깨치고 있었다. 도키에가 만나는 모든 존재는, 아무리 낯설고 거북하게 여겨지더라도 결국은 자기의 일부였다. 그래서 세상이 자기를 거부하고 박해해도, 마냥 분노하거나 슬퍼하지 않고 너그러운 마음으로 그 사랑을 지켜낼 수가 있었다.

조금 다르지만 나도 쉽게 치료되지 않고 원인을 알 수 없는 통증으로 힘든 시간을 거쳐 와서 도키에가 겪은 아픔에 유독 마음이 많이 갔다. 같은 맥락에서 도키에가 삶을 대하는 태도도 더 각별하게 다가왔다. 고통스러운 삶이 한 사람의 너비를 더 좁히기도 하고 넓히기도 한다면 도키에는 분명 넓히는 쪽이었다. 그리고 그런 도키에를 알아보고 곁이 되려 한 도리야키 가게 사장과 여자 중학생도 그런 사람이었다. 고통을 받아들이는 방식이 한 사람의 진면모를 보여 준다면, 세 사람은 똑같이 스스로 겪은 고난 덕분에 조금 더 세심하고 품 넓은 사람이 됐다. 셋을 잇는 고리는 음식이기도, 사람이기도, 동물이기도 하지만, 근원적으로는 고통이랑 함께 살아가는 삶의 방식이 아닌가 싶다.

세 사람의 이야기는 세상에 어느 것 하나 홀로 존재하지 않는다는 당연한 사실을 다시금 마주 보게 했다. 세 사람을 보며 생각했다. 내 통증에 함몰되지 않고, 분노나 원망만 쏟아 내지 않고, 그런 마음을 밝은 힘으로 전환할 수 있다면. 좀더 섬세한 눈과 귀와 손으로, 누군가를 더 살뜰히 보살피고 품을 수 있는 몸이 될 수 있다면 좋겠다고.

도키에는 말한다. "그것은 팥이 보아 왔을 비 오는 날과 맑은 날들을 상상하는 일이지. 어떠한 바람들 속에서 팥이 여기까지 왔는지 팥의 긴 여행 이야기를 듣는 일이야." 도키에 앞에 놓인 팥 한 알은 그냥 팥이 아니라, 숱한 시간과 손길과 이야기를 품은 생명의 씨앗이다. 팥 한 알이 곧 온 우주인 셈이다. 생명으로 꿈틀거리는 모든 것을 경이롭게 바라보는 그 맑은 얼굴을 마주하고 있으니 내 마음도 왠지 더 너그럽고 낮아졌다. 나도 세상 존재들을 그렇게 겸허히,

기쁘게 모시며 살고 싶다는 마음이 들었다.

　삶을 대하는 그런 태도 때문일까, 도키에의 죽음 또한 마냥 슬프게 다가오지는 않았다. 그 몸이 다른 존재의 피와 살로, 거대한 세상을 만드는 일부로 스며든 듯이 느껴졌다. 나랑 무관해 보이는 많은 것들은 내 생명에 기여하는 귀한 존재다. 바람과 비와 볕과 그늘과 기온, 숱한 곤충과 식물, 사람의 손길과 관심, 그런 모든 것들이 만드는 조화가 나를 먹이고 살린다는 단순하고도 경이로운 자연의 이치를 도키에가 살아온 삶을 통해 다시 한 번 깨친다.

　영화를 보고 나서 문득 가네코 미스즈가 쓴 시 한 편이 떠올랐다. 가장 미미하고 작은 것에서 가장 깊고 원대한 것을 볼 줄 아는 가네코의 시선이 도키에랑 똑 닮았다.

　　벌은 꽃 속에,
　　꽃은 정원 속에,
　　정원은 토담 속에,
　　토담은 마을 속에,
　　마을은 나라 속에,
　　나라는 세계 속에,
　　세계는 하느님 속에,
　　그래서, 그래서, 하느님은,
　　작은 벌 속에.
　　― 가네코 미스즈, 〈벌과 하느님〉

제약 속의 창의

어제는 직접 만든 콩국에 도토리묵을 넣어 먹었다. 여름이면 우뭇가사리 콩국을 먹은 기억이 나서 식감이 비슷한 도토리묵과 콩국을 섞어본 것이다. 이 조합이 떠오른 날 마음속으로 탄성을 질렀다. 별것 아닌 듯해도 이런 순간은 소소한 즐거움이다. 파스타부터 오트밀, 밀밥, 통밀빵 등 다양한 음식이랑 같이 먹은 적은 있어도 콩국과 도토리묵은 처음이었다. 도토리묵 콩국은 예상한 바로 그 맛이지만 그래도 기분만은 한껏 새로웠고, 그 사실 하나로 충분했다.

얼마 전에는 되직한 콩국에 통밀밥을 비벼 먹고서 이것이 바로 리조토구나 싶어 한껏 흥분하기도 했다. 그 뒤에는 삶은 콩과 밤을 함께 갈아서 '밤콩국'을 만들었다. 밤이 지닌 단맛과 퍽퍽한 식감이 더해지면 일반 콩국하고는 또 다른 맛이 나지 않을까 궁금했다. 푹 익힌 밤을 반으로 갈라 숟가락으로 퍼내면서 '참 별짓을 다 한다'는 생각이 들어 웃음이 났다. 조금이라도 더 새롭고 맛있게 먹으려는 내 노력이 참 가상하다고 할까. 잘게 으스러진 밤을 소중히 모아서 믹서에 넣고 콩을 더해 가니 걸쭉한 콩국이 완성됐다. 기대만큼 대단한 맛은 아니어서 밤콩국은 한 번 체험으로 끝났다. 아쉬운 한편으로 다행스러웠다. 맛있으면 어쩔 뻔했나. 콩 껍질 벗기기도 벅찬데 밤을 찌고 속살을 파는 노동까지 추가됐다면…….

체질식을 시작한 뒤로 내가 먹는 음식 안에서 다양한 시도를 한다. 대단하지는 않아도 사소한 변화가 밥상을 조금 더 활기차게 만든다는 사실이 즐거워서 그렇다. 조리 방식만 바꿔도 음식 맛이 다르고 재료 조합을 살짝 달리해도 새로운 맛이 되니 신기할 따름이다. 가장 자주 먹는 반찬인 당근은 주로 얇게 썰어 버섯이나 호박 등이랑 볶는데, 어느 날은 푹 익혀 봤다. 부드럽고 달았다. 갈아 먹으니 주스보다는 퓌레 같은 식감이었다. 냉장고에 넣어 시원하게 만들면 꼭 새로운 디저트를 먹는 기분이었다. 얼마 뒤에는 비트와 배를 함께 쪄서 갈았는데, 비트가 색을 보태고 배가 단맛을 더해서 맛이 훨씬 풍부해지는 게 아닌가! 지금도 종종 세 가지 채소로 주스를 만든다.

메이플시럽을 먹을 수 있던 시절에는 삶은 살구나 오디로 잼을 만들어서 통밀빵에 발라 먹기도 했다. 밥에 당근, 호박, 버섯 등을 넣고 통밀 가루랑 섞은 뒤 기름으로 노릇하게 구워 '밥전'을 굽는가 하면, 파스타에 배를 갈아 넣는 참신한 시도도 했다. 죽만 끓이던 오트밀은 채소볶음이나 볶음밥, 파스타랑 함께 먹는 식으로 활용 방식을 넓혔다. 굽거나 조리던 연근을 에어프라이어에 돌려서 먹은 뒤로 두부나 당근, 팽이버섯도 비슷하게 먹고 있다. 어젯밤에는 된장국수처럼 된장국 파스타를 만들면 어떨까 생각했다. 된장을 소금 대용이 아니라 국물 파스타 재료로 응용해도 좋겠다는 아이디어가 떠오른 것이다.

요리라고는 달걀프라이에 라면 말고는 할 줄 모르던 내가 이제는 주방에서 이것저것 새로운 요리를 시도한다. 누가 시키지도, 뭔가에 떠밀리지도 않은 채 그저 스스로 원해서, 즐겁게 말이다. 요즘 읽고 있는 책에 크게 공감한 이유도 지금 내 상황하고 꼭 맞아떨어진다는 느낌 때문이었다.

지바 마사야는 《공부의 철학》에서 가능성이 한정된 상황을 '부자유'가 아니라 '유한성'이라고 했다. 그러니까 행위의 유한한 제약 속에서 오히려 더 자유로울 수 있다는 역설을 짚은 것이다. 무한성의 자유가 방종으로 흐를 수 있다는 점에서, 나는 어떤 제약과 한계 속에서 가능한 절제의 자유에 관한 주장에 깊이 공감할 수밖에 없었다. 그리고 그런 공감은 내가 겪고 있는 제약을 부자유한 구속이 아니라 풍요로운 가능성으로 받아들일 수 있게 했다.

나도 처음에는 식단 조절을 자유롭지 못한 제약 상황으로 여겼지만, 지금은 생각이 많이 바뀌었다. 오히려 그 안에서 어떤 창조성과 자유로움을 매 순간 느낀다. 만약 무엇이든 먹을 수 있다면 무한하게 만들어지는 음식 조합을 즐거운 일이 아니라 막막한 일로 여기게 될 수도 있었다. 매일 끼니마다 뭘 먹을지 고민하는 일을 숙제처럼 여길 수도 있었다. 그런 상황이라면 음식을 조금 더 맛있게 먹으려는 시도를 지금처럼 즐겁게 하지는 못할 듯하다. 자극적이고 편리한 음식들이 곳곳에 널려 있는데 굳이 그럴 필요를 느꼈을까? 나처럼 음식을 만들어 먹는 일을 귀찮게 여기던 사람이 말이다.

그러고 보면 식단 조절은 고되고 어려운 만큼 내 생활을 더 건강하고 창의적으로 바꿨다. 제약과 절제가 나를 더 넓은 세계로 이끈 셈이다. 그 속에서 나는 놀면서 배운다. 이것저것 새로이 시도하면서 감탄하고 놀란다. 다만 음식뿐일까. 주어진 재료 안에서 어떻게 더 새롭고 다채로운 음식을 만드느냐는 고민은 일상 전반에도 적용할 수 있다. 그런 감각을 잘 익히고 벼린다면 반복되는 하루하루에도 작은 새로움으로 생기를 부여할 수 있겠다. 매일 내가 먹을 음식을 만들면서 나라는 사람도, 내 하루도 조금 더 새롭고 즐거워지는 듯하다. 음식을 만드는 마음으로 세상을 바라보기. 체질식이 알려 준 귀한 배움이다.

미지의 맛을 요리한다는 것

식단 조절을 한 지도 어느덧 몇 년이 지났다. 처음만큼 일반 음식을 갈망하지는 않아도 여전히 궁금한 맛은 있다. 먹은 적 없는, 요즘 유행하는 음식들. 그리고 내가 직접 만든 음식들이다. 체질식을 한 뒤부터 본격적으로 요리(라고 하지만 실은 조리에 가까운 일)를 시작했다. 그즈음 한 독립이 중요한 계기였다. 처음 생긴 나만의 주방에서 혼자 이런저런 시행착오를 겪으며 요리하는 재미를 서서히 알게 된 것이다. 그때부터 다른 사람에게 대접할 음식도 만들기 시작했다. 문제는 엄격한 식단 제한 때문에 간을 전혀 볼 수 없다는 점이었다. 조리법을 참고하더라도 간이나 맛은 직접 확인해야 하는데, 그럴 수 없어서 답답할 때가 많았다. 그러다 보니 요리할 때 간 맞추는 데 가장 신경 썼다. 싱거우면 소금을 더 넣으면 되지만 짠 음식은 어떻게 손보기가 어렵다고 생각했다. 그래서 처음에 만든 음식은 소금과 간장을 소심하게 넣는 바람에 싱겁다는 반응이 많았다. 내가 먹는 음식에도 아주 조금씩만 간을 해서 몇 번이나 다시 소금을 뿌리기도 했다.

시간이 지나면서 간을 맞추는 데 서서히 익숙해졌고,

나름대로 감을 익혔다. 내 생각보다 더 과감하게, 팍팍 넣어야 간이 밴다는 점이 핵심이었다. 나는 점점 대범해졌다. 어느 때부터는 계량하지 않고 눈대중으로 넣어도 간이 얼추 맞았다. 나에게도 이런 날이 오는구나. 음식 간이 맞아가는 동안 요리에도 탄력이 붙었다. 음식을 맛본 지인들도 반응이 더 좋아졌다. 빈말인지 진심인지는 몰라도 '팔아도 되겠다'는 말까지 들었다! 가장 자주 만드는 김밥이 특히 그랬다.

김밥은 은근히 손이 많이 가는 음식이지만, 만드는 방법이 어렵지 않고 따로 다른 반찬을 안 해도 돼서 오히려 대접하기에는 편리하다. 나처럼 일반식을 하지 않는 사람에게는 특히 더 안성맞춤이다. 식재료가 애매하게 남으면 처리하기가 곤란하기 때문이다. 그래서 집에 사람을 초대해야 할 일이 생기면 김밥을 자주 만든다. 부모님 생신상을 차릴 때도 미역국에 김밥을 올릴 정도였다.

김밥 재료에 조금씩 변주를 주는 재미도 쏠쏠하다. 단무지, 오이, 달걀, 당근, 우엉, 맛살을 넣은 기본 김밥부터 기본 김밥 안에 볶은 김치를 넣은 김치김밥, 통살 새우와 마요네즈를 버무린 새우김밥, 들깨 무친 오이와 달걀만 넣고 만든 오이김밥 등 기분이나 상황에 따라 김밥 종류를 달리한다. 내 김밥 맛을 본 사람들은 진심인지 아닌지는 몰라도 하나같이 극찬한다. 일부러 깔아 둔 밑밥 덕분에 반응이 더 좋을지도 모르겠다. "간을 하나도 못 보고 만들어서, 맛이 있을지 모르겠네……."

김밥처럼 자주 만든 음식이 샌드위치다. 감자와 달걀을 삶아서 으깬 뒤에 마요네즈와 오이, 양파, 당근 등을 넣어 버무린 소를 모닝빵이나 식빵에 넣으면 그럴싸한 샌드위치가 완성된다. 예전부터 감자샐러드를 참 좋아했다. 엄마가 가끔 만들어서 냉장고에 넣어 두면 시도 때도 없이 꺼내서 식빵에 발라 먹거나 그냥 퍼먹기도 할 만큼. 손이 많이 가는 음식이라 늘 엄마가 해 준 것만 먹었는데, 직접 만들어 보니 과연 맛이 어떨까 궁금했다. 내가 알던 맛이랑 비슷할까? 내 입맛에도 잘 맞을까?

내가 끓인 미역국과 김밥, 샌드위치, 잡채……. 나는 맛을 알 수 없는 음식을 사람들은 맛있게 먹는다. 그 모습을 볼 때마다 먹은 적 없는 내 요리의 맛을 상상하면서 이런 생각을 한다. 산다는 것은 알 수 없고, 그래서 재미있구나. 라면이나 겨우 끓여 먹던 내가 이런저런 요리를 꽤나 즐겁게 하는 변화도, 간을 보지 않고 척척 음식을 만드는 솜씨도, 그 음식을 사람들이 맛있게 먹는 모습도, 정작 그 음식을 나는 전혀 맛볼 수 없는 이 아이러니한 상황도. 지금껏 내가 한 번도 상상한 적 없는 이 그림이 나는 어쩐지 싫지 않다.

바보가 되겠습니까?

며칠 전, 컨디션이 좋지 않아 오랜만에 한의원에 갔다. 두 시간 가까이 기다리다 진료실에 들어가니 거기서 또다시 기다림이 시작됐다. 보통 이름을 불러서 들어가면 금방 진료를 받지만 그날은 수십 분, 아니 한 시간이 다 되도록 감감무소식이었다. 이 한의원에 다니면서 기다리는 일에는 이력이 생겨 웬만해서는 그러려니 하고 넘기지만, 이날은 너무한다 싶은 마음에 울컥 짜증이 치솟았다. '환자를 이렇게 기다리게 해도 되나? 정말 뭐 하자는 건가!' 그렇지만 얼마 안 지나 상황 파악이 됐다. 원장이 상담하는 소리가 내 자리까지 들려왔다. 얼마 전부터 건강이 나빠진 환자 가족에 관한 이야기였다. 이 한의원에서 치료받은 가족이 지금은 병원에서 힘든 고비를 넘기는 중이라고 했다. 대화 사이사이 낮은 울음소리가 들렸고, 원장은 환자가 하는 이야기를 자르지 않고서 조용히 듣고 있었다.

평소에는 냉혈한으로 느껴질 때도 있는 원장인데, 환자가 하는 긴 이야기를 진중하게 듣는 모습을 보며 여러 생각이 들었다. 보기보다 인간적인 분이구나 싶어 마음이 좀 따뜻해지기도 했고, 듣다 보니 그 사람의 절박한 심정이 이해돼 들끓던 감정이 좀 가라앉기도 했다. 이런 기다림이야 얼마든지 감수할 만하지 않나 싶었다. 그렇지만 한편으로는 '기다리는 사람 생각도 좀 해 주지, 저 상담은 대체 언제 끝나나' 하는 생각도 불쑥불쑥 올라왔다. 이해할 수 없지는 않지만 기다리는 처지에서 답답한 것도 사실이니까. 그래도 이제는 이런 기다림에 어느 정도 인내심을 가지게 된 듯하다.

이 한의원은 대기 시간이 길다. 환자가 많다는 점을 감안하더라도 진료 속도가 상당히 느린 편이다. 아무래도 체질 의학이라는 치료 방식이랑 깊은 관련이 있는 듯하다. 환자마다 증상, 체질, 치료를 받아들이는 이해도가 모두 다르기 때문에 여기에서는 각각의 사정에 맞춰 치료한다. 누구에게나 통하는 일반적인 진료 방식이 아닌 만큼 시간이 더 많이 걸린다. 여기에 더해 원장의 독특한 의료 철학이나 신념도 한몫한다.

생각해 보면 이곳에서 진료받으며 궁금한 점을 물어볼 때 원장이 서두르거나 대충 대답한다고 느낀 적이 한 번도 없다. 때로는 지나치다고 여길 만큼 자세히 대답하는가 하면 참고할 만한 자료를 쥐여 주기도 했다. 오래 기다리는 대신에 건강 상담만큼은 충분히 받을 수 있는 곳인 셈이다. 지금은 어느 정도 납득하지만, 긴 대기 시간과 비효율적으로 보이는 진료 방식에 오랫동안 의심과 불만을 품었다. 오래 기다리게 하는 방식이 상술인가 싶기도 하고, 환자더러 무조건 그곳 시스템에 맞추라는 고압적 태도도 못마땅했다. 한의원에서 소개하는 식료품 가게들도 비슷하게 의심했다. 그러다 내가 전부터 알고 있는 건강한 빵집이나 발품 팔아 어렵게 찾아낸 곳들을 똑같이 소개하는 모습을 보고 그런 시선을 조금씩 거두게 됐다. 그런데도 여전히 몇몇 방식에는 주기적으로 의혹을 품게 된다.

돌아보면 나는 이 한의원을 마치 이단처럼 느낀 것 같았다. 체질 치료가 너무 낯선데다 진료 방식도 좀처럼 이해하고 받아들이기 어려운 까닭이었다. 몸이 느끼는 통증도 쉽게 진단되지 않은 독특한 종류인데 치료법도 일반적이지 않다 보니 더 혼란스러웠다.

이곳에 처음 온 날 기억은 지금도 생생하다. 지푸라기라도 잡는 심정으로 찾아온 나에게 원장은 대뜸 무슨 일을 하냐고 물었다. 대학원에 다니다가 몸이 아파서 잠시 휴학한 때라 상황을 그대로 이야기했다. 원장은 나이가 어릴수록, 또 많이 배운 사람일수록 이 치료가 어렵다고 말했다. 자의식이 강한 사람일수록 의심이 많고 고집이 있어서 치료에 잘 협조하지 않는다는 지적이었다.

그것뿐만이 아니다. 원장은 그동안 내가 여러 병원과 한의원을 다니면서 치료받은 이력을 듣더니 독을 먹으면서 몸을 더 해친 꼴이라며 나무랐다. 그 말을 듣는데 불쑥 화가 났다. 절박한 마음으로 여러 방법을 찾다 보니 그랬구나, 얼마나 답답하면 이곳저곳 찾아다니며 돈과 시간을 썼을까, 이해해 주지는 못해도 내 탓인 양 말해서는 안 된다고 생각했다.

"몰라서 그랬어요." 억울한 마음에 톡 쏘아붙이는 말투로 반박했다. 그 말을 들은 원장은 아무래도 치료를 제대로 받기는 어렵겠다며 그냥 포기하라는 말을 남기고 진료실을 나갔다. 대꾸하는 꼴을 보니 여기서도 조금 치료받다가 성에 차지 않으면 금방 다른 데를 찾아갈 게 분명하다고 했다.

어떤 병원에서도 겪은 적 없는 상황이 당황스러웠다. 어쩔 줄을 모른 채 멍하니 있다가 옆에 있던 간호사에게 물었다. "어떻게 해요?" 간호사도 멋쩍어하며 별말이 없다. 얼마 뒤 다시 들어온 원장은 초강수를 두듯 말했다. "바보가 되겠습니까?" 그 순간 귀를 의심했다. 무슨 상황이지? 마치 사이비 종교 세뇌 현장? 당황해서 말문이 막혔다. 나는 치료받고 싶은 환자일 뿐 바보가 되거나 세뇌받으러 온 사람은 아니라는 말이 목 끝까지 차올랐다. 그렇다고 이대로 치료를 포기하고 물러설 수도 없는 노릇이었다. 난감하고 혼란스러웠다. 잠시 머뭇거리다가 결국 나는 두 눈 질끈 감고는 알겠다고, 따라 보겠다고 말했다. 내가 말해 놓고도 어딘가 굴욕스러운 대답이었다. 그때 '바보가 되겠습니까?'는 마치 '믿겠습니까?'처럼 들렸다.

비슷한 상황은 그 뒤에도 반복됐다. 마음이 상해서 치료를 그만두고 싶다는 생각이 숱하게 들었지만, 다른 대안이 없는 나는 결국 순순히 그곳으로 발길을 돌릴 수밖에 없었다. 아픈 사람이 약자이니 어쩔 수 있나 생각하면서. 지금 보면 그 시간은, 치료에 앞서 치료받을 수 있는 사람으로 나를 변형시키는 과정이었다. 자존심과 아집을 내려놓고 익숙하지 않은 낯선 뭔가를 받아들일 수 있는 역량을 길러야 했다. 시간이 지나며 점차 깨달았다. 평생 살아온 생각과 습관, 삶의 방식을 바꾸지 않으면 내 몸을 바꿀 수 없다는 사실을. 어쩌면 원인을 알 수 없는 몸의 통증도, 바로 그 나 잘났다는 생각, 고집, 오만에서 비롯된 것이라는 생각이 들었다. 비로소 바보가 돼야 한다는 말의 뜻이 온전하게 이해됐다.

바보가 되고 보니 그동안 당연하다고 여긴 많은 것들이 다르게 보이기 시작했다. 빠르고 효율적인 의료 시스템과 당장 증상을 완화하는 데 중점을 두는 치료가 '정상적'이거나 '자연스러운' 방식이 아닐 수 있다는 생각이 들었다. 그러고 보면 그동안 나는 통증에서 벗어나고 싶어 병원이나 약에 지나치게 매달린 듯싶었다. 그저 외부에서 손쉬운 방법을 구하려고만 했다. 통증은 몸이 보내는 신호였지만, 그 신호를 제대로 알아차리거나 바라보지 못했다. 저 이상한 한의원에서, 한없이 기다리며 화내고 답답해한 나는 '내가 왜 바보가 되느냐'고 속으로 쏘아붙이던 그때의 나야말로 진짜 바보라는 걸 알게 됐다.

그러니까 건강을 회복하는 일은 어느 날 기적처럼 찾아

오는 구원이 아니라 매일 이어지는 생활 속에서 자기를 바로 세우는 과정에 다름 아니다. 오직 내 일상을 견실하게 잘 일궈야만 건강한 삶을 만날 수 있는 것이다. 그러기 위해 나는 나날이 더 성실한 바보가 돼 가려 한다.

눈물의 맛

얼마 전 독서 수업에서 '외로운 순간'을 주제로 이야기를 나눴다. 어려운 수학 문제를 풀 때, 책 속 주인공처럼 고민을 터놓을 사람이 없다고 느낄 때, 아이들은 외로움을 느낀다고 했다. 그 와중에 한 아이는 다른 친구들이 모두 간식을 먹는데 저 혼자 먹지 못하고 지켜볼 때가 외롭다고 이야기했다. "그래, 맞아. 혼자 못 먹고 바라보기만 할 때 외롭지. 나도 그 마음 잘 알아." 아이에게 여러 번 맞장구치듯 말을 건네는데 마음이 괜히 욱신댔다. 다 큰 어른인 나도 그런데 너라고 어찌 괜찮을까.

알레르기 때문에 음식을 가려 먹어야 하는 그 아이는 지난번에 간식으로 아이스크림과 초콜릿을 나눠 줄 때도 혼자 먹지 못했다. 아이는 괜찮다고 했지만, 괜히 마음이 쓰여서 다음 시간에 우유가 안 든 아이스크림을 챙겨 줬다. 다른 친구들이 맛있게 먹을 때 저 혼자 멀뚱멀뚱 지켜봐야 하는 순간에 느끼는 그 마음을 나는 누구보다 잘 안다. 몇 년 전부터 내가 일상적으로 겪는 일이기 때문이다.

나도 식이 조절을 시작하고서 그런 감정을 많이 느꼈다. 아무도 나를 소외시킨 적 없는데, 주변 사람들이 뭔가를 맛있게 먹는 모습을 보고 있으면 이상하게 외롭고, 더러는 서럽기까지 했다. 고작 음식이 뭐라고 이토록 마음이 쓸쓸해지는 걸까. 게다가 나는 이제 어른인데. 그런 일에는 의연해질 나이 같은데. 그런데 아니었다. 사람 마음이 그렇지 않았다. 여기에는 아이나 어른 같은 구분이 없었다.

언제나 즐기던 음식을 더는 먹지 못하고 바라보기만 해야 할 때, 함께 있는 사람들이 나 빼고 맛있는 음식을 먹을 때, 다 같이 들어간 식당에서 나 혼자 도시락을 꺼내 먹을 때. 그런 순간에는 마치 나만 딴 세상에 있는 기분이다. 저녁 시간에 어디에서 맛있는 냄새가 집 안으로 흘러들어 올 때, 엄마가 해 주던 집밥이 그리울 때, 사람들이 너도나도 제철 음식을 찾아 먹을 때도 마찬가지다. 그 아이 말대로 그것은 정말 외로운 일이다.

그래서 나만의 방법을 만들었다. 사람들하고 긴 시간 함께할 일이 있을 때나 외출할 때는 꼭 간식거리를 챙기는 것이다. 다들 먹을 때 혼자 입맛만 다시고 있는 상황을 피하고 싶어서 마련한 계책이다. 이제는 사람들이 차나 디저트를 즐길 때 나도 가방에서 군밤이나 밀 뻥튀기 같은 간식을 꺼내 먹거나 무말랭이차나 오미자차를 홀짝거린다.

음식에 제약이 따르다 보니 체질식을 시작한 뒤로 장시간 외출이나 외박은 웬만하면 삼가게 됐다. 그런데도 큰마음 먹고 여행을 떠난 적이 있다. 체질식 일 년 차쯤 도서관 동료들끼리 다녀온 2박 3일 순천 여행이다. 아는 사람 집에 머무를 계획이라 조리해서 먹을 수 있는 식재료부터 내 간식까지 꼼꼼히 챙겼다. 그런데 밖에서 음식을 먹을 때가 문제였다. 동료들이 음식을 포장해 와 밖에서 같이 먹기도 했지만, 매번 그럴 수는 없는 노릇이었다. 한번은 식사하는 동료들을 기다리며 주변을 산책했는데, 두 사람이 파스타와 피자를 먹으면서 맥주를 들이켜는 모습을 바라보며 말로 표현하기 어려울 만큼 쓸쓸한 감정을 느꼈다. 아, 여행지에서 느끼는 외로움은 일상에서 겪는 감정하고는 또 달랐다. 더 깊고, 진했다.

마지막 날 저녁, 나는 결국 항복하고 말았다. 순천 와온 해변에서 저녁노을을 바라보며 컵라면과 유부초밥을 먹는 모습을 보는 순간 더는 참을 수 없었다. 슈퍼에서 튀김우동 컵라면을 사 와서 물을 부었고, 주인이 챙겨 준 김치까지 받아 자리에 앉았다. 그때 먹은 컵라면과 김치 맛을 지금도 잊을 수 없다. 라면 한 젓가락과 김치를 입에 넣는데, 여행 내내 꼭꼭 묵혀 둔 어떤 설움이 북받쳐 올라왔다. 뭐랄까, 그 맛은 정말, 감격스럽고 서러운 맛이자 눈물의 맛이었다.

정신없이 라면을 흡입한 뒤에는 그동안 억누른 식욕이 터져 버려서 아이스크림에 과자까지 사 먹었다. 괴로우면서도 행복했다. 곧 나타날 통증도 두려웠고, 흐트러진 식생활을 다시 다잡을 생각에 막막했지만, 먹는 순간만큼은 그 모든 일을 잊을 만큼 행복하고 짜릿했다. 아, 바로 이 맛이지. 바로 이 기분이지. 아련한 추억을 담은 맛은 혀뿐 아니라 마음을 사르르 녹이고 위로했다. 맛에는 분명 그런 힘이 있다.

나는 이제 안다. 먹고 싶은 음식을 먹지 못해서 때로는 눈물 날 만큼 외롭기도 하다는 걸. 내가 좋아하는 음식이라면 더더욱. 도서관에서 일할 때는 유독 그런 유혹이 많았다. 다 같이 싸 온 도시락을 펼쳐 놓고 나눠 먹는 점심시간은 약과다. 도서관을 자주 오가는 나이 지긋한 어르신은 직접 담근 동치미를 챙겨 오셨고, 자원 활동가는 팥빙수를 사 왔고, 어떤 이용자는 활동가들이랑 나눠 먹으라며 떡이나 롤케이크를 건넸다. 동지를 앞둔 어느 날 한 이용자는 계핏가루를 뿌린 단팥죽을 끓여 왔고, 근처 횟집 사장님은 갓 구워 따끈따끈한 파전을 건넸다. 그럴 때마다 활동가와 이용자들은 모심방에 모여 앉아 음식을 나눠 먹었다. 사람들이 건네는 살뜰한 보살핌에 기대어 운영되는 도서관이라서 그런지 늘 먹을거리가 생겼고, 그때마다 나는 혼자 말 못 할 고독을 느꼈다. 겉으로는 아무렇지 않은 척했지만, 내 안에는 '나도 먹고 싶은데……'라고 입맛 다시는 풀죽은 아이가 있었다.

어느덧 몇 년째 식이 조절을 하고 있다. 이제는 그때만큼 짙은 감정에 휩싸이지는 않는다. 그래도 가끔, 가끔은 사무치게 어떤 맛이, 그 맛을 마음껏 즐기던 지난 시절이 그립고, 그래서 외롭다. 생기 가득한 봄철에는 푸릇푸릇한

쑥과 나물이, 쨍쨍한 여름날에는 빙수와 수박이, 가을이 깊어 갈 때면 다디단 곶감과 홍시가, 코끝 시린 겨울에는 거리에 파는 붕어빵과 호떡이 눈앞에 아른거린다. 마치 계절 감기 같다. 계절이 바뀔 때면 한 번씩 앓게 되는.

밥의
평범성

• • •

불편함이 가르쳐 준 것

오랜만에 콩물을 주문했다. 요즘은 직접 만들어 먹는 재미에 빠져서 당분간 사 먹을 일은 없겠다고 생각했는데, 문득 예전에 맛본 '크림처럼 부드러운' 콩국이 떠올랐다. 그때부터 먹고 싶다, 꼭 먹어야겠다는 마음이 걷잡을 수 없이 커졌다. 맛있던 기억은 나는데 구체적인 맛은 가물가물한데다, 귀찮다는 이유로 콩물 만들기를 은근히 미루던 때여서 마음이 더 동한 듯했다. 이 기회에 집에서 만든 콩물이랑 맛도 비교해 보고, 오랜만에 맷돌로 간 부드러운 콩물도 맛보고……. 내가 만든 콩물하고 크게 다르지 않다면 오히려 시판 콩물을 찾는 욕망을 말끔히 단념할 수도 있겠다는 나름의 궁리도 있었다. 방부제를 넣지 않아 유통 기한이 짧은데다 그새 오른 가격이 부담도 돼 우선 500밀리리터짜리 두 병을 주문하기로 했다. 빠르게 주문을 마치고 택배를 기다리는 며칠이 은근히 애가 탔다. 하필 공휴일이 끼어 있을 게 뭐람!

며칠 뒤 드디어 택배가 도착했다. 설레는 마음으로 스티로폼 상자를 들고 들어와 '신선식품'이 새겨진 빨간 셀로판테이프를 칼로 찢었다. 그때만 해도 상자가 이토록 큰 이유를 별로 생각해 보지 않았다. 상자 뚜껑을 여니 작은 스티로폼 조각들이 우수수 떨어졌다. 제일 먼저 얼음을 가득 채운 커다란 비닐이 보였다. '콩물이 상할까 싶어 얼음을 이만큼이나 넣었구나!' 그제야 내용물에 견줘 지나치게 큰 상자가 이해됐다. 얼음을 싱크대에 와르르 쏟고 콩물을 담은 또 다른 비닐을 풀었다. 마치 러시아 인형 마트료시카처럼 상자를 열고, 열고, 열고 나서야 콩물을 만날 수 있었다. 이 앙증맞은 콩물 두 병이 이렇게 많은 포장재를 몰고 왔다니. 신선 식품이니 어쩔 수 없는 일이라지만, 막상 눈앞에 놓인 택배 쓰레기를 보자 이렇게 해서 사 먹을 일인가 하는 의문이 들었다. 주문할 때만 해도 오랜만에 맛있는 콩물을 먹을 생각에 설레기만 했지, 이 상품이 우리 집에 도착할 때까지 거치는 과정이나 낭비되는 자원은 전혀 생각하지 않았다.

자책감에 마음이 무거워지는 시간도 잠시, 손에 쥔 콩물을 보자 어쩔 수 없이 웃음이 새어 나왔다. 전주에서 날아온 귀한 콩물을 얼른 열어서 컵에 따라 마셨다. 조금만 맛본다고 하다가 나도 모르게 자꾸만 더 마시게 됐다. 음, 그런데 내가 기억하는 맛이랑 어딘지 달랐다. 그사이에 맛이 바뀌었나? 내 입맛이 달라졌나? 아니면 소금이 다른가? 예전에는 눈이 크게 떠질 만큼 '놀랍도록 부드럽고 연하고 고소하고 맛있다'는 느낌이었다면, 이번에는 끝맛이 묘하게 낯설었다. 집에서 내가 만든 콩물이 더 맛있는 듯도 하고……. 그래도 뭐, 나쁘지는 않았다. 계속 마시다 보니 집 콩물하고는 다른 맛이 묘하게 매력적이었다.

　무엇보다 편하게 먹을 수 있다는 점이 가장 좋았다. 집에서는 콩물을 만들려면 콩을 불리고 삶아 껍질을 까는 수고가 필요했다. 콩물 조금 만들어 먹고, 부족하다 싶으면 다시 콩깍지를 까서 믹서에 갈고, 그렇게 반복 노동을 해야 원하는 만큼 먹을 수 있었다. 한 번에 까 두면 더 편하겠지만, 빨리 먹고 싶은 마음이 강해서 그럴 새가 없었다. 그런데 냉장고에 넣어 둔 시판 콩물은 간편하다는 이유로 시도 때도 없이 손이 갔다. 이러다 하루 만에 다 먹어 치울 수도 있겠다 싶어 걱정될 정도였다. 나름대로 절제하려고 노력한 끝에 콩물 두 통을 이틀 만에 끝냈다.

　'아, 나라는 인간은 조금 번거로워야 자제라는 걸 하는구나.' 이번 일을 경험하며 다시 깨달았다. 너무 손쉬우면 고민할 겨를이 없다. 그냥 먹어 버리고, 그냥 해 버린다. 과식이나 과소비도 이런 편리한 구조에서 오는 게 아닌가 싶다. 손가락으로 화면을 한 번 밀면 '간편 결제'가 되는 쿠팡을 사용하면서, 손가락 지문만 한 번 대면 바로 결제되는 네이버페이를 이용하면서, 집 앞으로 '총알 배송'이 되는 택배를 시키면서 매번 느낀 바다. 얼마 전 외국 생활을 하는 친구도 비슷한 이야기를 했다. 그곳에서는 한국처럼 먹기 편하게 손질한 고기를 사기가 어려워서 고기를 먹는 일이 확 줄더라고 했다. 직접 고기를 다듬기가 불편하고,

그러다 보니 잘 안 먹게 되더라고 말이다. 친구랑 대화를 나누면서 깔끔하고 편리하게 손질된 음식을 소비하는 문화에서는 문제의식도, 죄책감도, 불편도 느낄 일이 적다는 생각을 했다.

이틀 만에 콩물 두 병을 비운 뒤 이런 결론에 도달했다. 다시 부지런 떨면서 계속 만들어 먹자! 직접 만든 콩물과 시판 콩물을 나란히 두고 맛을 비교하니 내가 만든 콩물이 입맛에 더 잘 맞았다. 그래도 시판 콩물 특유의 부드러운 식감과 맛이 매력적인데다 번거로운 노동도 피할 수 있으니 이따금 생각은 날 듯하다. 그렇지만 먼 거리 택배까지 이용하면서 먹을 필요는 없겠다는 생각도 든다. 집 근처라면 모를까.

이제 나는 집에서 만든 콩물이 더 맛있다. 맷돌만큼은 아니지만, 물만 잘 맞추고 믹서로 곱게 갈면 얼마든지 부드러운 콩물이 나온다. 무엇보다 모든 조리 과정을 내 눈으로 볼 수 있으며 갓 만든 음식을 바로 먹을 수 있다는 점에서 이것만큼 신선하고, 건강하고, 믿을 수 있는 음식이 있을까 싶다. 가격이 합리적이라는 사실도 장점이다.

콩물을 다 먹고 나온 페트병 두 개까지 말끔히 씻어 말리자 비로소 모든 여정이 끝난 기분이었다. 베란다 한쪽에 쌓인 택배 쓰레기를 보자 지난 며칠이 눈앞에 그려졌다. 그 전에 맛본 콩물이 떠올라 한순간 달뜬 마음이 되고, 주문 뒤 설레며 기다리고, 도착한 콩물을 단숨에 먹어 치우고,

뭔가를 깨닫고……. 휘몰아치듯 지나간 시간을 돌아보며, 나는 이 모든 비용과 쓰레기가 지금 이 결론에 도달하기 위한 대가라고 생각하기로 했다.

은행 손질하기

며칠 전 우리 동네 마을밥상 조합에서 깐 은행 500그램을 샀다. 어쩌다 한 번씩 길거리 음식으로 볶은 은행을 사먹은 적은 있어도 생것으로 사기는 처음이다. 주문한 은행을 찾으러 가니 어딘지 이상해서 물었다. "이거 깐 은행 아니에요?" 돈을 조금 더 주고 깐 은행을 주문했는데, 슬쩍 보니 갈색 껍질을 벗기지 않은 채였다. "딱딱한 겉껍질을 깨트려서 깐 거예요. 이 껍질은 볶으면서 벗기면 돼요." "아……."

은행 한 봉지를 받아 와서 냉장고에 고이 넣어 두고 며칠이 흘렀다. 냉장고를 열 때마다 은행이 눈에 띄었지만, 선뜻 마음이 내키지 않아 계속 못 본 척했다. 먹기 좋게 손질한 노란 은행을 기대하다가 실망한 채로 돌아온 탓이었다. 그때까지는 은행이 겉껍질에 싸여 있는지도 몰랐다. 그동안 손쉽게 먹던 노란 은행은 여러 번 손질을 거친 음식이었다.

껍질 벗기기가 어려울 일도 없건만, 그래도 마음의 준비가 좀 필요했다. 그러다 바로 어제, 드디어 은행을 볶기로 했다. 인터넷을 뒤지니 식용유를 두른 팬에 익히면 껍질이 잘 벗겨진다고 했다. 은행은 생으로 먹으면 독성이 있어서 꼭 익혀야 하고, 8분에서 10분 사이쯤 익히면 좋다는 말도 새겼다. 비싼 홍화씨기름을 아주 조금만 넣고 은행 절반을 넣었다. 숟가락으로 휘휘 저으면서 고르게 익기를 기다리니 '파팟' 소리가 나기 시작했다. 살펴보니 껍질이 깔끔하게 벗겨지지 않고 대부분 그대로 있었다.

한참 볶아도 노란빛으로 바뀐 은행은 거의 없었다. 다시 찾아보니 연두색이나 노란색으로 변하면 익은 상태라 한다. 연두색도 익은 상태라고는 하지만 찜찜한 마음이 들어서 조금 더 볶다가 접시에 담아 김을 식혔다. 손으로 살살 까니 껍질이 생각보다 잘 벗겨진다. 얇아서 까기 어렵지는 않았지만, 손에 잘 달라붙어서 번거롭기는 했다. 단단한 껍질째로 산 사람들은 은행 한 알을 먹기 위해 여러 번 수고를 겪어야겠구나 싶었다.

껍질을 다 벗긴 은행을 반찬통에 담으니 든든하고 뿌듯했다. 일용할 양식을 잔뜩 마련한 기분이랄까. 볶음밥을 만들면서 당근, 비트, 버섯하고 은행 여러 알을 넣었다. 내가 직접 손질한 은행이어서 그런지 한 알 한 알이 더 귀하게 느껴지고 맛도 더 좋았다. 뒤늦게 반성도 됐다. 부모님이랑 함께 살 때 엄마가 손수 껍질을 까서 먹기 좋게 대령해 준 은행을 한참 먹지 않고 내버려 두다가 곰팡이가 슬어서 버린 적이 있다. 그때는 왜 그리 음식 소중한 줄 몰랐을까. 쉽게 구한 것은 쉽게 생각하게 된다. 음식이 어떤 과정을 거쳐 식탁에 올라오는지 모르면 아무렇지 않게 그런 죄를 저지르게 되는 것 같다.

다른 음식들처럼 은행도 체질식을 시작하면서 관심을 쏟게 된 식재료다. 그전에 몇 번 먹을 때는 입맛에 잘 맞지 않아서 두 번 먹을 일은 없다고 생각했다. 그런데 이번에 먹은 은행은 맛있었다. 직접 구해 먹은 과정 때문에 남다르게 다가오기도 했겠지만, 그런 이유가 전부는 아니었다. 그 '맛'은 이전에 느낀 맛하고는 좀 달랐다. 달거나 짜거나 시지 않은, 아무런 자극적인 맛을 더하지 않은 그저 은행 맛이었다. 그동안 좋아한 어떤 맛하고도 달랐지만, 싱싱한 제철 은행의 맛은 그것 자체로 훌륭했다. 은행은 은행 맛으로 훌륭하구나. 맛의 형태가, 기준이, 그전하고는 조금씩 달라지고 있다는 생각이 들었다. '맛있다'나 '맛이 좋다'는 말도 점점 새로워진다.

꿈속에서

며칠 전 꿈에서 과일 찹쌀떡을 먹었다. 하얀 가루가 묻은 찹쌀떡을 베어 물자 샤인머스캣 과즙과 팥소가 어우러져 환상적인 맛이 됐다. 시고 달고 새콤한 맛이 온몸 가득 퍼져 나갈 때 느껴지는 짜릿함이란! 꿈속이라는 사실을 잊을 만큼 강렬하고도 생생한 맛이었다. 먹을까 말까 갈팡질팡하다 입에 넣는 순간 느낀 자책과 행복이 뒤섞인 감정이 지금도 기억난다. 생생한 맛만큼이나 복잡한 감정도 긴 여운을 남겼다. 이렇게 나는 꿈에서도 언제나 체질식 중이다. 다시 예전으로 돌아가 맛있게 음식을 먹는 대신에 먹을까 말까 망설이다가 유혹에 넘어간 뒤 잠에서 깬다. 그러고는 안도한다. 아, 현실이 아니었어!

어제와 오늘은 연이어서 이런 꿈을 꿨다. 달달한 디저트를 입에 넣고 몇 번 씹다가 문득 정신을 차리고는 음식을 삼키기 직전에 도로 내뱉는 꿈이었다. 그 순간 나는 '삼키지는 않았어'라고 되뇌며 가슴을 쓸어내렸고, 혹시나 음식이 입속에 남아 있을까 봐 물로 여러 번 헹구기까지 했다. 그렇게 하면 음식을 입에 넣은 흔적조차 말끔히 지워지기라도 한다는 듯이. 그런 꿈은 깨고 나서도 잔상이 오래

간다. 어떤 날에는 꿈속에서 '에이 모르겠다!' 하는 마음으로 라면에 김치를 얹어 후루룩 먹었다. 오랜만에 만나는 자극적인 맛에 온몸의 세포가 되살아나는 듯했다. 그런 날이면 음식을 향한 욕구를 절제해야 하는 나 자신이 마치 수도승처럼 느껴진다.

비슷한 꿈을 꾸고 나면 내 안의 감정들을 다시금 들여다보게 된다. '이제는 이 생활에 적응이 돼서 괜찮다고 생각했는데, 그렇지만은 않은가 보구나.' 식단 조절을 몇 년간 하다 보니 나름 이 생활에 도가 터 있다고 느낄 때가 있다. 체질식은 어느덧 애를 써야 하는 일이 아니라 습관처럼 최소한의 에너지로 유지하는 일이 됐다. 그렇다고 음식에 관련된 모든 욕구에서 초연해지지는 않았다. 어느 날은 특정한 음식이 먹고 싶어서, 어느 날은 가까운 이들하고 맛있는 음식을 나눠 먹는 평범한 기쁨을 누리고 싶어서 마음이 울적해진다. 누가 뭔가를 맛있게 먹는 모습을 보면 입에 군침이 돌고, 음식을 먹으며 시간과 마음을 나누는 사람들 사이에서는 조금 외로워지기도 한다. 예전보다 요령도 늘고 이 생활에 잘 적응한 사실도 맞지만, 여전히 마음 한구석에 그런 욕구와 감정이 드문드문 일어나는 것 또한 사실이다. 그때마다 이제 괜찮다고, 아무렇지 않다고 스스로 세뇌한다. 괜한 감정에 휩쓸리고 싶지 않아서 그렇다.

그래도 무의식을 속일 수는 없나 보다. 꿈은 번번이 이렇게 마음속 진실을 보여 준다. 비슷한 꿈을 반복해서 꾸는 배경에는 불안과 두려움이라는 감정이 자리하고 있다. 나는 나랑 한 약속을 깨트릴까 봐 두렵다. 처음 한 번이 어렵지 그다음은 그렇지 않다는 사실을 누구보다 잘 안다. 한 번 흐트러진 생활을 바로잡는 데는 생각보다 더 많은 시간과 에너지가 들 수 있다는 사실도 숱한 경험을 거쳐 터득했다. 이런 과정은 연쇄적으로 작동하기 때문에 식단뿐 아니라 일상 전반에 고르게 영향을 미친다. 욕구는 어느 정도 채워지면 사그라지기도 하지만, 어떤 욕구는 채울수록 더 강해진다. 체질식에 적응하는 시간을 통과하면서 타협이란 있을 수 없으며 욕구의 노예가 되면 불행해진다는 깨달음을 얻었다. 그러니까 나는 애써 쌓아 올린 공든 탑이 무너지는 모습을 볼 수 없어서, 그런 상황을 원하지 않아서 매 순간 적지 않은 에너지를 쓰며 살고 있는 것이다.

 그런 현실을 알기 때문에 계속 비슷한 꿈을 꾸는지도 모른다. 단순히 먹고 싶은 음식을 먹는 꿈이 아니라 유혹에 넘어가려는 순간 정신을 차리는 꿈, 또는 이미 반쯤 넘어간 채이지만 뒤늦게 깨닫고 되돌리려 애쓰는 꿈을. 그래도 어쩌겠나, 이런 꿈까지 끌어안는 일이 나에게 주어진 삶인 것을.

다정한 헤아림

며칠 전 새로운 요가원에 갔다. 작년에 잠시 다닌 요가원은 정면에 거울이 있어서 요가를 하는 내내 내 모습을 관찰할 수 있었는데, 이곳은 거울 대신 다양한 기구가 공간을 채우고 있었다. 밧줄, 쿠션, 담요, 벨트, 의자…… 동작을 제대로 확인할 수 없어 답답하겠다 싶었는데, 웬걸, 80분이 금방 지나갔다. 여러 기구를 사용해 새로운 동작을 배우다 보니 시간이 빨리 흐른 느낌이었다. 오히려 타인과 내 모습을 비교하지 않아서 더 집중이 잘됐다.

요가가 끝나고 원장 선생님하고 마주 앉았다. 탁자에는 붉게 우린 차가 놓여 있었다. "차 한잔 드세요." 그 말에 기다리고 있던 사람처럼 답했다. "제가 건강 때문에 음식을 좀 가려 먹어요." "아 그래요? 이건 비트차예요." 눈이 번쩍 떠졌다. 비트차? "비트 말고 아무것도 안 들어간 거예요?" 비트는 내가 먹을 수 있는 식재료다. "말린 비트로 우린 차예요." 차를 우린 유리병 뚜껑을 열어서 보여 주신다. 우러난 물이 보랏빛이다. 안심한 나는 찻잔에 담긴 비트차를 맛봤다. 따뜻했다. 비트를 차로 우리면 이런 맛이구나. 나중에 나도 말린 비트차를 마셔 봐야지. 그동안 오미자차랑 무차만 번갈아 마셨는데, 새로운 차를 발견하니 반가웠다.

무엇보다 이렇게 밖에서 나에게 딱 맞는, 내가 먹을 수 있는 음식을 만나는 일이 별로 없어서 기분이 남달랐다. 그럴 때는 그 장소에 묘한 인연을 느낀다. 지나친 의미를 부여하는 행동일 수도 있지만, 나는 이런 직감을 믿는 편이다. 왠지 이곳과 내가 잘 맞을 듯하다는 막연한 믿음이랄까? 요가를 하면서 느낀 편안함과 시간 가는 줄 모르고 집중한 수업. 그리고 이렇게 나에게 맞는 차까지. 남들에게는 평범한 차 한 잔일지 몰라도, 나처럼 음식 가리는 사람에게는 어떤 의미를 띨 수도 있는 법이다.

얼마 전에도 비슷한 일이 있었다. 우연히 발길이 닿아 경주에 있는 어느 가게에 들어갔다. 고적하고 아늑한 동네였다. 인도 소품 가게와 카페를 겸하는 곳이었는데, 주인장의 안목과 센스가 곳곳에 배인 단정하고 세심한 공간이 마음에 들었다. 고유한 분위기와 편안한 느낌도 나랑 잘 맞는다고 느꼈다. 한참 즐겁게 구경하다가 소담하게 마련된 공간에서 커피 한 잔을 시켰다. 정식 카페라기보다는 사랑방 같은 곳이라 꼭 음료 두 잔을 시키지 않아도 된다고 했다. 평소 두 사람이 카페에 가면 늘 커피 두 잔을 시켜서 남길 때가 많았는데, 이날은 그러지 않아도 돼서 마음이 더 편했다. "커피를 못 드시는 것 같아서요." 앉아서 잠시 쉬고 있는데 사장님이 차를 한 잔 내왔다. '아, 어쩌지. 나는 웬만한 차도 거의 못 마시는데.' 속으로 생각하며 어정

쩡하게 차를 받았다. "무차예요." 무차? 내가 먹을 수 있는 그 무차? "아, 제가 음식을 가리는데 무차는 먹을 수 있어요!" 반가운 마음에 환하게 대답했다. "아, 정말 다행이에요. 이상하게 오늘 무차를 끓이고 싶더라니. 유기농 무차니까 드셔 보세요."

밖에서 내가 먹을 수 있는 음식을 대접받는 일은 정말 드물다. 특히 카페에서 무차는 처음 만났다. 한동안 오미자차만 마시고 있어서 오랜만에 만난 무차가 더 반가웠다. 물론 무차를 마실 수 있다는 사실보다 내 상황을 눈여겨보고 챙기는 그 마음이 더 귀했지만. 편안하고 좋은 장소에서 내가 마실 수 있는 차를 홀짝거렸다. 나도 카페에서 내 음료를 마시는 기분을 내 봤다. 그 순간 느꼈다. 나와 이 장소의 묘한 인연을.

급식의 기억

어릴 때부터 음식 때문에 속앓이를 자주 했다. 원치 않는 음식을 억지로 먹어야 하는 상황 때문이었다. 나는 고기를 잘 먹지 못했는데, 학교 급식에는 국이든 반찬이든 고기가 빠지는 날이 거의 없었다. 게다가 그 시절에는 편식 습관을 바로잡는다며 선생님이 잔반 검사를 꼼꼼하게 해서 마음 편히 등교할 수 있는 날은 손에 꼽을 정도였다.

냉장고에 붙여 둔 급식표를 들여다볼 때면 언제나 한숨이 나오고 어깨가 무거워졌다. 힘들어하는 딸을 어떻게 도와야 할지 몰라 같이 속을 끓이던 엄마는 고민 끝에 못 먹는 음식을 수저통이나 반찬통에 몰래 담아 오는 방법을 제안했다. 소심하고 겁 많은 아이에게는 쉽지 않은 일이었다. "다른 애들이 보는데 어떻게 그래? 애들이 선생님한테 일러바친다고." 이렇게 말하며 울먹거린 기억이 난다.

학교에는 나처럼 음식을 잘 먹지 못하는 아이가 더러 있었고, 우리는 운명 공동체처럼 점심시간을 함께 헤쳐 나가는 동지가 됐다. 돌이켜보면 나처럼 못 먹거나 나보다 더 못 먹는 아이들이 있어서 조금이나마 덜 외롭게 그 시절을 견딜 수 있었다. 나랑 비슷한 한 아이가 어느 날 잔반 검사를 일찍 마치고 해방된 모습을 볼 때면 배신감이 들면서 초조해진 마음도 잊히지 않는다. 내가 최후의 일인이 되면 어쩌나 하는 걱정 때문이었다.

담임 선생님마다 잔반을 대하는 태도도 조금씩 달랐다. 어느 선생님은 5교시 수업이 시작된 뒤에도 남은 음식을 다 먹게 그저 내버려 뒀고, 다른 선생님은 점심시간이 끝나갈 무렵 아직도 식판 앞에서 미적거리는 아이들을 한 명씩 찾아가 적극적으로 음식을 먹였다. "아!" 먹지 못해서 남긴 고깃덩어리를 숟가락으로 큼지막하게 퍼서 입속에 푹 집어넣던 3학년 때 선생님은 유독 잔반에 엄격했다. 내 의사에 상관없이 입에 들어온 음식을 몇 번 씹다가 헛구역질하면 선생님은 물통을 건넸고, 나는 제대로 씹지 않은 음식을 물하고 함께 꿀꺽 삼켰다. 그러고 나면 구역감이 올라와 나도 모르게 몸이 부르르 떨렸다. "봐봐, 금방 먹지?" 여봐란듯이 다른 아이에게 향하는 선생님 뒷모습이 왜 지금도 이토록 선명하게 떠오르는지 모르겠다.

선생님이 옆에서 강제로 음식을 먹게 하는 방식만큼이나 수업하는 아이들 틈에서 남은 음식을 먹게 하는 방식도 곤혹스러웠다. 수업 시간에 홀로 식판을 붙들고 씨름하는 아이들이 반에 한두 명은 꼭 있었는데, 그런 모습을 지켜보다 보면 나도 함께 고단해졌다. 누구보다 그 아이들 심정을 잘 알기 때문이었다. 언제든 나도 저 상황이 될 수 있다는 생각에 두렵고 막막하기도 했다.

어린이집을 다니던 일곱 살 무렵에도 비슷한 일을 경험했다. 못 먹는 음식을 남겨 두고 미적거리자 선생님은 다른 자리로 옮겨서 끝까지 다 먹게 했다. 혼자 남은 상황이 외롭고 겁난 나는 얼른 먹고 친구들에게 가야겠다고 생각하면서 남은 음식을 입에 가득 넣은 채 우걱우걱 씹었다. 그러다 구역질이 나와 씹다 만 음식을 식판에 다 뱉고 말았다. 그런데 선생님은 뱉은 음식까지 남김없이 먹으라고 했다. 어린 나이에도 뭔가 부당하고 잘못된 요구라고 느꼈지만, 별다른 선택을 할 수 없었다. 그렇게 나는 음식이라고 할 수도 없는 덩어리를 조금씩 입에 넣고 다시 뱉기를 반복하면서 한참을 서럽게 울었다. 고되고, 길고, 버거운 하루였다.

이런 기억 때문에 초등학교에 입학하면서도 급식 시간을 유독 걱정했다. 특히 먹기 어려운 반찬이 나오는 날이면 학교 가는 일이 두려워 곧잘 칭얼거렸다. "엄마, 머리 아파." "엄마, 배 아파." 꾀병처럼 들릴 그 말들은 사실 '엄마, 나 학교 가기 싫어. 억지로 음식 먹기 싫어. 나 좀 도와줘'라는 뜻이었다. 중학생이 되고 나서야 비로소 잔반 걱정 없이 홀가분한 마음으로 학교에 갈 수 있었다. 먹고 싶지 않은 음식은 굳이 안 받아도 되고 다 못 먹으면 남겨도 되는 상황이 얼마나 기쁘던지. 그 해방감은 말할 수 없이 컸다.

어릴 때부터 음식을 남기면 죄를 짓는다고 배웠다. 어린이집에 다닐 때는 북한 아이들이 먹는다는 옥수수프

와 죽을 먹는 체험도 했는데, 못 먹겠다며 우는 아이를 선생님은 엄하게 혼냈다. "걔네는 없어서 못 먹는 거야." 골고루 먹어야 건강하게 자란다는 말을 성장기 내내 들었다. 아무도 의심하지 않는 그런 말들 사이에서, 원치 않는 음식을 먹어야 하는 곤혹은 쉬이 공감받지 못했다.

나는 엄마가 만든 음식을 가장 많이 먹으며 살았지만, 엄마가 만든 음식을 가장 편하게 거부하기도 했다. 아무리 정성을 담아 만들어도 내가 먹고 싶지 않은 음식은 있게 마련이었는데, 그때마다 엄마는 나무라거나 더 먹으라고 권하지 않고 내 의사를 존중했다. 일이 생긴 부모님 대신에 가까이 사는 큰엄마가 오빠와 나를 돌본 날, 우리 남매는 잔뜩 긴장해야 했다. 성격이 엄한 큰엄마 앞에서는 음식을 남기면 안 되기 때문이다. 큰엄마는 그릇 가득 담은 소고기뭇국에 밥을 말아 내줬다. 나는 국에 만 밥도, 국에 들어간 고기도 안 좋아하는데······. 그 많은 밥을 다 먹었을까? 그날 밤 일이 정확히 기억나지는 않지만, 무지막지하게 다가온 밥그릇 앞에서 막막한 심정을 느낀 순간만은 생생하다. 어린 시절 나에게 '관대한 어른'이란 억지로 먹으라고 강요하지 않는 사람이었다.

어른이 된 뒤에는 강제로 뭘 먹어야 하는 상황에 놓이는 일이 없었지만, 무난하지 않은 식성 때문에 얼마간 불편을 감수해야 했다. 다른 사람들이랑 식사할 일이 생기면 고기를 안 먹는 사정을 미리 이야기하고 양해를 구했는데,

그때마다 민폐를 끼친다는 생각에 은근히 위축됐다. 배려를 받아도 어딘지 찜찜하고 미안한 기분이었다. 어릴 때부터 무수하게 들었다. 왜 고기를 먹지 않느냐고, 그러니 비실비실하다고, 골고루 먹어야 건강하고 튼튼해진다고. 체질식을 시작한 뒤에도 비슷한 말을 듣는다. 그렇게 먹어서 필수 영양분은 어떻게 얻고 건강은 어떻게 챙기느냐고, 전보다 더 말라 보이는데 건강하다는 말이 맞느냐고. 그런 말들이 때로는 어릴 적 억지로 먹은 음식처럼 다가온다는 사실을 사람들은 잘 모른다.

어릴 적처럼 지금 내 몸은 맞지 않는 음식을 적극적으로 거부한다. 곧바로 통증이라는 신호를 보낸다. 마치 리트머스 시험지처럼 분명하고 정확하게 반응하는 몸은 나를 다른 삶으로 이끈다. 다행스러운 일은 이제 아무도 나에게 강제로 무엇을 먹일 수 없다는 사실이다.

밥의 평범성

얼마 전부터 우리 동네 어르신들이랑 글쓰기 수업을 하고 있다. 신기하게도 이런 자리에서는 음식을 가려 먹는 내 사정을 사람들이 금방 알게 된다. 부러 말하려 하지 않는데도 그렇다. 이유가 궁금해져 곰곰이 생각한 적도 있는데, 사는 이야기에 먹는 이야기가 빠질 수 없어서 그렇지 않나 싶다. 얼마 전 수업에서는 다 같이 가을맞이 하이쿠를 쓰기로 하고서 우리가 아는 가을 음식을 쭉 나열했다. 전어, 감, 홍시, 토란, 배, 밤, 호박, 대추, 붕어빵……. 사람들이 불러 준 음식 이름을 칠판에 쓰면서 나에게 소중한 가을 식량인 배와 밤 이야기로 조금 수다를 떨었다. 단감과 홍시, 곶감 먹는 즐거움으로 설레던 계절이 언제부터 햇밤과 햇배 생각에 반가운 계절이 됐다고, 가을을 맞이하는 이 새로운 감각이 그리 나쁘지만은 않다는 그런 이야기를 했다.

글쓰기 수업에서는 먹는 이야기뿐 아니라 뭔가를 나눠 먹는 순간도 적지 않다. 이런저런 간식을 챙겨 와 함께 먹자고 권하는 이들이 늘 있기 때문이다. 지난주에는 복지관 오는 길에 떡집이 보여서 산 바람떡을 꺼낸 이가 있었고, 며칠 전 다른 수업에서는 농사짓는 사돈이 보낸 찐 고구마부터 감말랭이와 건자두, 인삼차까지 살뜰하게 들고 온 분이 있었다. 간식으로 먹으라며 쉬는 시간에 맛단밤을 한 봉지씩 나눠 주는 분도, 소금사탕이나 쌀과자를 쥐여 주는 분도 있다. 수업이 막바지에 이를수록 수강생들 간에 정이 두터워져서 그런지 먹을거리로 마음을 표현하는 일이 늘어난다. 음식이 지닌 힘이 보기보다 크다는 사실을 새삼 확인하는 순간들이다.

사람들이 챙겨 오는 음식은 대개 내가 못 먹는 종류라서 사정을 한 번 더 설명한 뒤에 신경 쓰지 말고 맛있게 드시라고 말한다. 그때마다 돌아오는 반응은 한결같다. "아이고 우리 선생님은 못 드셔서 어쩌나." "우리만 먹으려니 미안하네요." 수업에서 만나는 분들이 대개 연령대가 높아서 그런 상황을 그냥 못 넘어가는 면도 있는 것 같다. 같이 먹지는 못해도 살가운 말들을 주고받으며 음식을 나눠 먹는 모습을 보면 마음이 금세 푸근해지면서 기분이 좋아진다. 음식을 앞에 두고 둘러앉은 사람들은 혹여나 거리가 멀어서 제대로 먹지 못할까 봐 계속 서로 챙긴다. "더 드세요, 내가 가져온 건 아니지만……." "좀 가져다드릴까?" 그러고는 다시 나를 바라본다. "우리 선생님도 먹으면 좋은데, 우짜노……." 음식으로 정 나누기를 좋아하는 사람일수록 먹지 못하는 모습을 쉬이 지나치지 못하나 보다.

그런 한결같은 반응에서 나는 엄마와 이모들을 떠올린다. 아무리 괜찮다고 해도 내가 먹을 수 있는 음식을 어떻게든 찾아내서 뭐라도 먹게 하려는 그 얼굴들을. 오랜만에 친척들이 모여 한자리에서 식사할 때나 경조사 자리에서 밥을 먹을 때면 으레 듣는 말이 있다. "어휴, 못 먹어서 어쩌니?" "그렇게 해서 어떻게 사니?" 나를 걱정하는 그 말들이 지닌 의미를, 거기에 담긴 애정과 염려를 모르지 않지만, 한편으로는 계속 괜찮다고 말해야 하는 상황이 피곤했다. 정말 신경 쓰지 않아도 된다고 간곡히 말해도 내 말을 곧이듣는 사람은 거의 없었다. 그때마다 궁금했다. 아니, 내가 괜찮다는데 정말 왜들 이럴까? 이제는 이런 일이 불편하지도 않고 힘들지도 않은데. 왜 자꾸 나를 괜찮지 않은 사람으로 만들까. 이 상황이 견디기 어려운 사람은 내가 아니라 나를 지켜보는 타인들이라는 생각도 들었다.

돌아보면 사람들이 짐작한 대로 정말 괜찮지 않은 때가 있기는 했다. 겉으로는 아무렇지 않은 척해도 함께 먹을 수 없는 그 자리가 조금은 불편하고, 외롭고, 서럽던 시절 말이다. 그러니 홀로 못 먹는 사람을 그냥 넘기지 못하는 데는 이런 속내까지 깊이 헤아리는 세심한 마음이 있으리라 짐작한다. 한평생 다른 생명을 먹이고 기른 사람들이니 그런 감각이 더 예리하지 않을까 막연히 생각하기도 한다. 그렇지만 그런 마음이 전부가 아닐지도 모른다. 그러니까 나는 때로 사람들이 보이는 반응에서 염려와 배려뿐 아니라 다른 것을 읽는다. 평범하지 않고, 그래서 익숙하지 않은 상황을 있는 그대로 받아들이기 어려워하는 마음의 습관이라고 할까. 걱정이라는 형태로 드러나는 말들에는 각자가 생각하는 '옳음'이나 '평범함'이 깃들어 있는 듯하다.

물론 사람들이 건네는 한 마디 한 마디를 언제나 깊게 생각하지는 않는다. 대개는 '아, 나에게 마음을 써 주는구나' 하고 고맙게 받아들이거나 '익숙하지 않아서 그런가 보다' 하고 가볍게 넘긴다. 그런데 한편으로는 이런 마음도 든다. 내 상황을 알게 된 사람이 '아, 그렇구나' 하고 담백하게 넘어가 줘도 좋겠다고. 그런 태도가 더 편하고 고마울 때가 있다. 무관심이 아니라 깊은 관심과 배려로 그렇게 행동하는 사람을 만나면 또 한 번 배우는 마음이 된다.

나라고 다르지 않아서, 익숙하지 않은 사람이나 상황을 마주하면 신기해하거나 내 궁금증이 앞서 상대에게 이것저것 물어볼 때도 있다. 내 방식대로 걱정하고 위로도 한다. 별생각 없이 나오는 대로 반응한 뒤 뒤늦게 '아차' 하며 내 행동을 돌아본다. 그런 일을 여러 번 겪다 보니 다름을 그저 담담하고 자연스럽게 받아들이는 태도를 기르는 데도 나름대로 공부와 내공이 필요하다는 사실을 알게 됐다. 그러니 사람들 반응이 이해도 된다.

나를 빼고 음식을 나눠 먹는 상황이 반복되자 수강생들도 점차 그 모습에 익숙해지는 듯했다. 나도 더는 구구절절 말하지 않아도 됐고, 사람들도 애써 마음을 쓰는 일이 줄었다. 내가 이런 생활에 정착할 때까지 여러 우여곡절을 겪었듯이, 다른 이들도 조금은 생소한 이 풍경에 적응할 시간이 필요했으리라.

    그래도 같이 먹자고 말을 건네는 다정한 마음은 언제나 고맙고 따뜻하다. '같이 먹자'만큼 마음 푸근해지는 말이, 마음의 거리가 허물어지는 말이 또 있을까. '같은' 음식은 아니라도, 무엇이든 '같이' 먹을 수 있으면 충분할 테다. '같이 먹자'에 응답하려면 내가 먹을 수 있는 음식을 가볍게라도 챙겨 다녀야겠다.

병명 없는 병

요즘 내 식사는 통밀과 귀리, 건표고로 지은 밥에 버섯을 넣고 끓인 된장국이다. 국은 먹을 때도, 안 먹을 때도 있어서 대개는 밥 한 그릇으로 식사가 끝난다. 간식으로는 밤과 배를 주로 먹고, 차는 오미자나 비트, 무말랭이를 우려 마신다. 정해진 몇 가지 식재료로 식사를 하고, 외식을 하지 않으며, 긴 외출이나 여행 때 먹을거리를 챙겨 다니는 이 생활도 벌써 6년 차에 접어들었다. 이런 내 상황은 보통 사람들의 일반적인 식생활은 물론이고 채식주의자 같은 특별한 섭식 사례하고도 좀 다르다. 말하자면 일종의 식소수자라고 할까.

내가 고수하는 이 식생활 때문에 부당한 시선이나 대우를 받는 일은 없지만, 일상에서 크고 작은 불편을 감수하며 살아야 하는 만큼 결코 평범하지는 않다. 해 보기 전에는 나도 몰랐다. 먹는 일이 이렇게 한 사람의 삶에 커다란 영향을 미칠 줄은. 언제나 자유롭게 먹고 싶은 음식을 먹으며 살아왔으니, 남은 인생도 그럴 줄만 알았다. 그래서 식단 조절을 시작하고 일이 년 차에는 아침에 일어나면 이 현실이 꿈이 아닐까 종종 생각했다.

내가 이렇게 음식을 조절하며 살아가는 이유는 '몸' 때문이다. 뚜렷한 병명을 알지 못한 채 막막한 시간을 보내다 찾은 치료법이 식이 조절이었다. 내 몸이 느끼는 통증은 좀 특이하다. 처음에는 얼굴이 뻐근하게 아팠다. 얼마 뒤에는 얼굴을 포함해 치아와 눈이 아팠고, 통증이 타고 내려와 어깨부터 허리, 왼쪽 장기와 다리까지 퍼졌다. 마치 열기 같은 것이 내 몸을 돌아다니며 통증을 만드는 느낌이었다. 왼쪽을 아프게 하던 통증이 오른쪽으로 옮겨 가기도 한다. 신기하게도 양쪽이 같이 아플 때는 없다. 통증은 왼쪽과 오른쪽을 넘나들지만, 주로 왼쪽에 머무른다. 체질에 맞는 음식을 먹으면서 치료받으면 증상이 제법 호전되지만, 그렇다고 완전히 사라지지는 않는다. 그러다 피로가 쌓이거나 조금이라도 해로운 음식을 먹으면 다시 거세진다. 치아나 눈이 빠질 듯 아프거나, 몸에 경련이 일거나, 뼈가 틀어지는 듯한 통증이 찾아온다. 숨을 쉬기 어렵고 걷기도 힘들다. 아무것도 할 수 없을 듯한 패닉 상태가 된다.

어느 밤에는 몸 한쪽으로 경련이 멈추지 않고 지속됐다. 통증 강도도 세져서 견디기가 힘든데다 처음 겪는 경련 증세가 무서워 자주 가던 응급실에 전화를 했다. 증상을 설명하고 어떤 응급 처치를 받을 수 있는지 물어도 뚜렷한 대답이 없었다. 그저 증상이 지속되면 한번 와 보라는 말만 했다. 내가 겪는 증상은 대개 병원에서 치료하기가 애매해서 난감할 때가 적지 않다. 그날도 마찬가지였다. 응급실에서 수액을 맞고 뭔가 처치도 받은 듯한데 여느 때처럼 효과는 없었다. 새벽녘 차가운 응급실 침대에 누워서 쨍한 형광등 불빛을 바라본 날들을 기억한다. 이름 없는 증상하고 함께 지내며 숱하게 겪은 일상이다.

아프기 시작한 뒤로 내 증상을 주변 사람들에게 이야기해야 하는 상황이 올 때마다 참 난처했다. 간단하게 설명할 수 있는 병명이 없기 때문이다. 그때마다 주절주절 말을 늘어놓을 수밖에 없었다. 얼굴이 아프다거나, 치아와 눈이 아프다거나, 두통이 있다거나, 몸 한쪽이 다 아프다거나, 여기저기가 돌아가면서 아프다거나, 뭐라고 말할 수 없이 그냥 컨디션이 너무 좋지 않다는 식으로. 답답한 마음에 여기저기 병원도 많이 갔다. 어느 여름에는 원래 아프던 증상에 어지럼증이 더해져 병원을 가니 메니에르라는 진단이 나왔다. 아, 드디어 나에게도 병명이 생겼구나! 기쁜 마음으로 사람들에게 당당하게 말했다. "제가 메니에르 때문에 요새 걷거나 움직이는 게 좀 힘들어요." 그렇지만 정말 메니에르 때문인지는 잘 모르겠다. 처방받은 약으로 별다른 효과를 보지 못했으니까.

얼굴이 뻐근하고 아픈 통증이 혹시 이갈이에 관련이 있나 싶어 턱관절 전문 치과를 찾은 때도 별다른 문제를 발견하지 못했다. 먹는 약과 뿌리는 스프레이로 증상은 호전되지 않았다. 얼마 뒤에는 동네 병원에서 아픈 곳을 주절주절 이야기한 뒤에 부비동염이 의심된다는 진단이 나와 항

생제를 처방받았다. 평소 비염 증세도 있어서 나는 그동안 부비동염 때문에 이런 고생을 한 모양이라고 생각했다. 약을 먹고 서너 시간은 약 기운에 졸리면서 통증도 평소보다 덜해졌다. 그 순간, 말할 수 없는 행복을 느꼈다. '아, 내가 정말 부비동염이 맞나 보다. 여기저기 헤매다가 드디어 병명도 찾고 치료 방법도 찾았나 보다.' 친한 선배에게 말했다. "저, 부비동염이래요. 그동안 얼굴이 계속 아픈 이유가 부비동염 같아요!" 설레는 마음으로 카톡을 보내던 순간이 떠오른다.

얼마 뒤 조금 더 정밀한 검사를 할 수 있는 이비인후과에 가서 코 초음파라는 검사를 받았다. 부비동염은 아니라는 소견이 나왔다. 당황스럽고 혼란스러웠다. '그럼 안 되는데, 부비동염이어야 하는데……' 일단 확실하게 알고 싶으니 얼굴을 전산 단순 촬영술(computed tomography·시티)로 찍겠다며 소견서를 써 달라고 했다. 시티를 찍은 날 나는 황당한 이야기를 들었다. 교과서에 실어도 될 정도로 내 부비동이 깨끗하다고 했다. 그러니 괜한 걱정 말고 마음 편히 가지고 살라는 의사 말에 얼마나 절망하고 좌절한지 모르겠다.

어느 병원에서는 눈 문제일 수 있으니 안과에 가 보라고 했다. 안과에서도 별다른 이상을 찾지 못했지만, 내가 계속 통증을 호소하니 의사는 일단 대학 병원에 가서 더 정확한 검사를 받으라 했다. 이번에도 소견서를 들고 대학 병원을 찾았다. 여러 검사 끝에 돌아온 대답은 허탈했다. "눈에는 별 이상이 없으니 정 불편하면 인공 눈물을 넣어 보세요."

삼차 신경통 같은 신경성 질환하고도 비슷한 구석이 있어서 신경외과도 많이 알아봤다. 약도 여러 번 먹었다. 효과가 없어서 조금씩 강도를 높여도 마찬가지였다. 혹시 몰라 뇌 시티를 찍어도 깨끗하다는 말만 들었다. 정형외과에서는 일자 목과 척추 측만이 일으킨 통증일 수도 있다는 진단을 받고 물리 치료와 도수 치료를 반년 넘게 받기도 했다.

답답한 마음에 인터넷을 열심히 뒤지다가 신경 전문 난치성 질환을 치료하는 한의원을 알게 됐다. 몇 번 문의 글을 남기고 전화 상담을 거쳤다. 부산에서 멀리 떨어진 경기도까지 가야 했지만, 자기한테 치료받으면 분명히 효과를 볼 수 있다는 말에 희망을 안고 방문했다. 그곳에서는 턱관절 문제에 따른 신경성 질환이라는 소견이 나왔다. 한의사는 음식을 먹고 나서 항상 치아에 장치를 끼고 5분에서 10분 정도 교정을 해야 한다고 했고, 틀어진 관절을 되돌리는 운동법도 알려 줬다. 등을 기대고 서서 제자리걸음으로 걷는 운동이었다.

한의사는 음식을 먹느라 치아를 쓰면 턱 근육이 삐뚤어져서 통증이 일어난다고 알려 줬다. 하루에 여러 번 틀어진 턱관절을 바로잡는 운동이 중요하다고 했다. 그런데 음식을 안 먹어도 24시간 아팠고, 특히 치아를 쓰지 않는 커피 같은 액체를 마시고 나서 통증이 더 심해지는 일을 여러 번 겪었다. '왜 턱 근육도 안 쓰는데 더 아프지?' 슬슬 의심이 들었다. 이 한의사만큼 내 통증의 원인과 치료 효과를 확신한 사람이 없어서 기대가 컸는데……. 여기에서도 치료가 안 되면 정말 희망이 없을지도 모른다는 암담한 생각이 들어서 더더욱 간절했다. 결국 차도를 못 보고 치료를 포기한 날은 참 절망적이었다.

그렇게 병원 순례를 다니던 어느 날에는 치과를 갔다. 그전에도 같은 증상 때문에 상담을 한 곳이다. 구강 엑스레이를 찍은 뒤 혹시 몰라서 잠복 사랑니까지 뽑았다. 그런데도 증상은 사라지지 않았다. 할 수 있다면 발치라도 하려는 마음으로 치과를 다시 찾은 것이다. 지금도 그날을 잊을 수 없다. 치과 의사가 한 말 때문이다. 그 치과 의사는 그동안 내가 여러 병원에 다니면서 만난 의사들이랑 다르게 내 통증을 그것 자체로 이해하고 공감했다. 나를 이상한 사람으로 취급하지 않았고, 답답한 마음도 충분히 헤아렸다. 그렇게 아파서 어떻게 생활하느냐는, 얼마나 힘드냐는 말을 듣는데 울컥 감정이 치솟았다. 애써 마음을 추스르고 치과를 나와서는 길을 걸으며 한참 운 기억이 난다.

병명을 알 수 없다는 말은 치료가 어렵다는 뜻인 동시에 어느 의료 전문가한테도 쉬이 공감받기 어렵다는 뜻이기도 하다. 병원에서 만난 의료진들은 내 증상을 듣고 나

못지않게 난처해했다. 진심으로 도와주려 한 사람도 있었지만, 대개는 의아한 눈빛으로, 특이한 사람이라는 듯 바라봤다. 심인성 질환이 의심된다며 정신건강의학과를 권한 의사도 여럿이었다. 그 말에 정말 정신건강의학과도 가봤지만, 특이한 점을 발견하지는 못했다. 나는 이 통증이 너무 괴로워서 정신이 무너진다고 느꼈는데, 의사들은 내가 심리 문제 때문에 겪는 증상이라고 여기는 듯했다. 어디에서도 정확한 원인을 찾지 못하니 때로는 실존하는 이 통증을 나도 의심하게 됐다. 다른 사람에게 이 증상을 이야기할 때면 때때로 꾀병처럼 보이지는 않을지 염려하기도 했다. 사람들은 생명을 위협하는 큰 병이 아니면 그다지 심각하게 받아들이지 않기 때문이다.

메니에르, 턱관절염, 부비동염, 만성 위염, 안구 건조증, 삼차 신경통, 척추 측만, 정신 질환……. 그동안 내 통증을 두고 오간 병명이다. 어느 단어도 정확하게 내 증상을 설명하지 못했다. 여러 의료 기관을 다니면서, 특히 난치성 질환을 앓는 환자가 많이 오는 한의원에 다니면서 아픈 사람을 여럿 만났다. 나처럼 뚜렷한 원인을 알기 어렵거나 병명이 없는 이들이었다. 잇병 때문에 오래 고생하다가 다른 지역에서 찾아온 사람부터 원인을 알 수 없는 두통과 어지러움에 시달리는 사람, 대학 병원에서도 치료하지 못한 피부병에 걸려 고생하는 사람, 만성 방광염이 잘 낫지 않아 이런저런 치료를 받는 사람까지. 사람들은 제각각 자기가 겪는 아픔에 지쳐 있었다.

　세상에는 암이나 당뇨, 고혈압, 류머티즘처럼 우리가 익히 들어서 잘 아는 질병뿐 아니라 생명을 위협하지는 않아도 사람을 고통스럽게 만들고 삶의 질을 떨어트리는 질병이 많다. 세상에 존재하는 아픔은 아주 다양하고 우리는 각자 느끼는 아픔에 많이 무지하다는 사실을 이곳에 와서 더 크게 실감했다. 병명 없는 병, 진단되지 않는 이 통증 때문에 오랜 시간 막막하고 난처했지만, 덕분에 나랑 비슷하면서도 다른 숱한 아픈 몸들을 만날 수 있었다. 아픈 이들이 겪는 여러 곤혹을 더 섬세하게 이해하게 됐고, 어떤 아픔도 사소하지 않다는 사실을 배웠다.

고단한 하루

어젯밤에는 귀가하자마자 씻지도 않고 그대로 잠들었다. 온종일 추위에 떨면서 움직여 꽤 피곤한 탓이었다. 허겁지겁 저녁을 먹고 금방 잠들어서 그런지 아침에 눈을 뜨니 속이 더부룩했다. 과식한 뒤에 바로 잠드는 일을 가장 경계하지만, 체질식을 시작하고 나서는 좀처럼 지키기 어려운 규칙이 됐다.

어제는 아침부터 저녁까지 여기저기를 옮겨 다니며 사람들을 인터뷰했다. 원래는 사흘 동안 적당히 나눠서 진행할 계획이었지만, 어쩌다 보니 하루에 일정이 다 잡혔다. 몸은 좀 고되더라도 한 번에 끝내는 편이 더 낫다고 생각하니 오히려 다행스러웠다. 다만 끼니가 걱정이었다. 도시락을 싸 다니는 사람은 이렇게 종일 바깥에서 움직여야 하는 날이 가장 난감하다. 먹을 장소가 마땅치 않아서 그렇다. 다 못 먹은 도시락을 그대로 들고 온 날도 적지 않다.

어제도 고민하다가 도시락 대신 간식을 택했다. 일정을 보니 먹을 시간도 장소도 애매했고, 돌아다니는 데 괜히 짐만 될 듯했다. 따뜻한 오미자차와 에어프라이어에 돌린 약단밤을 챙겼다. 장시간 외출할 때는 밤만 한 간식이 없다.

골목시장부터 초등학교, 카페 등 곳곳을 움직이며 사람들을 만났다. 생각보다 오전 인터뷰가 빨리 끝나서 점심 즈음에는 사무실에 앉아 챙겨 간 밤을 야금야금 먹었다. 일정을 끝마치고 다음 장소로 이동할 때도 밤을 한두 개씩 꺼내 먹었다. 밖에 나오면 이렇게 내 일용할 양식들이 더 소중해진다. 이것마저 없다면 쫄쫄 굶으며 돌아다녀야 하니 말이다.

마지막 인터뷰까지 마치니 밖은 깜깜했다. 돌아오는 버스 안에서는 너무 지치고 피곤해서 아직 반이나 남은 밤을 먹고 싶다는 생각조차 들지 않았다. 꾸벅꾸벅 졸면서 버스 세 번을 갈아타고 집에 왔다. 피곤해서 바로 뻗을 만도 한데, 한 끼를 제대로 차려 먹고 싶은 마음이 들었다. 가방을 대충 던져두고는 오트밀을 끓이고 팽이버섯과 새송이버섯을 볶았다. 한 상 차려 식탁에 앉으니 피곤이 가시면서 마음이 들떴다. 늘 먹는 밥상이지만 새롭게 맛있었다. 집에서만 먹을 수 있는 밥상이라서 더 귀하게 느껴졌다. 종일 밤만 주워 먹다가 제대로 된 식사를 하니 그제야 내 안의 허기가 사그라졌다. 아무 데서나, 아무 음식이나 먹을 수 없다는 제약이 주는 심리적 부담과 그런 부담에 따른 정신적 허기였다. 고된 하루를 보내고 온 날이면 아무리 몸이 피곤해도 꼭 이렇게 나만의 한 상을 차려 먹는다. 그래야 잠이 온다.

대접과 거절

토요일 아침부터 바쁘게 집을 나섰다. 이날은 골목시장에서 20년 넘게 건강식품 장사를 한 상인을 인터뷰하는 약속이 잡혀 있었다. 인터뷰 일정이 하나뿐이라 전날보다 마음이 홀가분했다. 부부가 운영하는 곳이었는데, 미리 섭외한 남자 사장님하고 마주 앉아 대화를 나눴다. 손수레 장사부터 시작해서 이만큼 가게를 키운 여정을 들었다.

옆에서 가게를 쓸고 닦으면서도 우리 대화를 놓치지 않던 여자 사장님이 중간중간 한두 마디씩 말을 보탰다. "에이 무슨, 20년은 더 됐지." 남자 사장님이 이 동네에서 봉사한 햇수를 셀 때는 오류를 정정했다. "정말 곳곳을 다 다녔지." 전국을 돌아다니며 건강식품을 배우던 시절 이야기가 나올 때는 알맞은 추임새를 넣었다. 그 뒤에도 중요한 질문에 불쑥 말을 얹으며 존재감을 발휘했다. 손은 바쁘게 움직여도 귀는 이쪽을 향해 활짝 열어 두고 있는 듯했다. 나중에는 자연스레 그분이 하는 말을 기다리게 될 정도였다.

여기저기 눈에 보이는 곳을 청소하던 여자 사장님이 어느 순간 냉장고에서 뭔가를 꺼냈다. 그분이 뭔가를 들고 내 앞을 지나가고 나서는 옆에서 달그락달그락 소리가 들렸다. 그때부터 인터뷰에 집중이 안 됐다. 머릿속에는 이런 질문들이 떠다녔다. '설마 마실 거리를 내오시려는 건가? 어차피 못 마시는데, 번거로운 일을 하시기 전에 지금 말씀드려야 하나? 그런데 내 착각일 수도 있지 않나? 냉장고에서 꺼낸 게 정확히 뭐였지? 즙 같았는데…….' 시간이 좀 흘러도 음료가 나오지 않아 다시 내 일에 집중했다.

인터뷰를 다니다 보면 이런저런 대접을 받는다. 그때마다 거절도 일이라면 일이다. "제가 커피를 못 마셔서요." "방금 마시고 와서 괜찮아요." "아, 제가 음식을 가리고 있어서 못 먹어요." 챙겨 주셔서 감사하다는 말 뒤로 꼭 이렇게 거절 의사와 이유를 밝힌다. 사정을 이야기한다고 해도 마음 써서 내온 다과를 손 하나 안 대고 나올 때는 어쩔 수 없이 신경이 쓰인다. 그런데 지금처럼 확신이 서지 않을 때는 뭐라고 말하기가 애매하다. 상대는 대접할 생각도 없는데 괜히 내가 먼저 거절하는 꼴이 될까 봐 그렇다. 그러다 결국 예상대로 커피나 차를 내오면 미안한 마음에 괜히 땀이 난다. 어제도 인터뷰하다가 커피와 과자, 고구마를 거절하느라 애를 먹었다. 식이 조절을 시작한 뒤로 사람들이 건네는 호의를 받아들일 수 있는 것도 기쁜 일이라는 생각을 자주 한다. 애써 준비한 마음을 거절하는 일은 시간이 지나도 좀처럼 익숙해지지 않는다.

아니나 다를까, 여자 사장님은 곧 종이컵을 받친 쟁반을 내왔다. 홍삼즙을 중탕으로 데우느라 시간이 걸린 모양이었다. "홍삼인데?" 음식을 가려 먹고 있어서 마실 수 없다고 하니 여러 번 되물었다. 반복되는 물음에서 나는 홍삼은 몸에 좋은데 정말 안 먹는다는 말이냐는 의미를 읽는다. 인스턴트커피나 녹차가 아니라 홍삼이라고 강조하는 맥락을 모르지 않아서, 다시 한 번 내 상황을 말했다. 결국 홍삼을 거절하고 나오면서 가슴을 쓸어내렸다. 매도 맞기 전이 더 두렵다. 거절하기 전이 가장 마음이 쓰이고, 막상 이야기하면 그때부터는 마음이 훅 놓인다.

대단하다는 말

식단 조절하는 내 모습을 본 사람들은 하나같이 대단하다고 말한다. 매번 먹고 싶은 음식을 어떻게 참느냐고, 힘들지 않냐고 말이다. 평소에는 무슨 음식을 먹는지, 사람들 만나는 자리에서는 어떻게 하는지 구체적으로 물으며 관심을 보이기도 하고, 자기 같으면 엄두도 못 낼 일이라며 고개를 내젓기도 한다.

그럴 때면 잊고 있던 내 안의 응어리를 다시 마주하는 기분이다. 이제는 그러려니 하고 무던히 넘기는 어떤 고단함이 불쑥 고개를 내민다고 할까. 지금은 이 생활에 적응이 돼 좋은 점이 더 많다고 느끼지만, 여전히 번거롭고 불편하고 어려운 것도 사실이기 때문이다. 돌아보면 일반식을 하던 때도 음식을 조절하려 애쓴 적이 많지만, 쉽지 않아서 애를 먹었다. 밀가루 음식이나 커피를 줄이자고 다짐해도 대부분은 며칠 못 가서 자포자기했다. 그때에 견주면 정말 장족의 발전이 아닐 수 없다. 그런 생각을 하면 여기까지 온 내가 대견하다.

그런데 어느 날에는 사람들이 보이는 한결같은 반응에서 뭔가 다른 감정을 느낀다. 정말 내가 대단한 걸까? 이런 생활은 선택이나 의지하고는 큰 관계가 없는데. 나는 그저 다른 대안이 없어서 이 삶을 받아들였다. 살던 대로 그럭저럭 살 만하다면 이렇게 수고롭고 불편한 식이 조절을 감수하지 않았다. 그러니까 나는 건강에 관한 나름의 철학이나 대단한 의지 때문이 아니라, 먹고 싶은 것을 참는 삶과 먹고 나서 아픈 삶 중 더 큰 고통을 피하려다 이 생활에 정착한 사람일 뿐이다. 무슨 거창한 이념보다는 내 몸을 관통하는 생생한 통증 때문에 이렇게 살고 있다. 살아야 한다는 절박함이 나를 이 생활로 이끌었다.

나도 사람들 말처럼 이 생활에 적응하지 못하리라고 생각한 시간이 길었다. 체질식이 쉽다고 자신하던 때에도 일상 수준에서 겪는 어려움은 끊이지 않고 이어졌다. 지금도 괜찮다가 어려워지는 구간을 띄엄띄엄 오간다. 평안하게 일상을 잘 보내다가도 불현듯 먹고 싶은 음식이 눈앞에 아른거려 어쩔 줄을 모르고, 거세게 요동치는 욕구를 조절하려 적지 않은 에너지를 쏟으며, 가끔 그런 욕구에 굴복당해 고꾸라지기도 한다. 그럴 때면 말로 표현하기 어려울 정도로 참담한 기분이 든다.

정말 다른 음식이 먹고 싶어서 그럴 때도 있지만, 오래 억압된 욕구들이 다양한 증상으로 발현하는 까닭에 주기적으로 충동에 휘말리는 듯하다. 어느 날에는 '이제 다른 음식을 먹어도 전만큼 아프지 않겠다'는 근거 없는 자신감에 사로잡혀 탈선을 시도하기도 한다. 정크 푸드처럼 명백히 몸에 해로운 음식 말고 싱싱한 제철 과일은 괜찮을지 모른다는 생각이 드는 것이다. 그렇지만 먹자마자 몸이 금방 반응하는 바람에 현실을 자각하게 된다. 때로는 통증의 기억이 제법 희미해져 '그럭저럭 참을 만했다'는 착각에 빠질 때도 있다. 또다시 호되게 앓고 나서야 깨닫는다. 예전의 내가 얼마나 절박한 심정이었는지를. 그런가 하면 음식으로 스트레스를 풀려는 습관이 강해져서 애먹는 날도 많다. 고생할 줄 알면서도 미련하게 과식이나 폭식을 반복하는 나 자신을 많이도 미워했다. 부끄러워서 남들에게는 말 못 하는 모습이다. 이렇게 끊임없이 좌충우돌을 겪는 내게 대단하다는 말이 과연 어울릴까 싶다.

그런데 그런 마음이 전부는 아니다. 사람들이 건네는 대단하다는 말이 내 안에서 자꾸 맴도는 이유를 곰곰 생각하니 거기에는 여러 감정이 뒤섞여 있는 듯했다. 대단하다는 말 대신, 그럴 수밖에 없는 저간의 사정을, 평범한 모습 아래 숨겨진 지난한 여정을 조금이나마 읽어 주기를 바라는 마음 같은 것. 저 사람이 나랑 대단히 달라서 이 생활을 능숙하게 해내고 있지는 않다는 사실을 조금이나마 헤아려 주기를 바라는 마음이랄까. 나도 안다. 사람들이 보이는 반응은 아주 자연스럽고, 보편적이며, 그래서 이해하지 못할 까닭이 하나도 없다는 것을. 그런데도 그런 생각을 하게 되는 날이 있다. 대단하다는 말은 너무 간단하고 또 쉬운 것 같아서 그렇다. 그렇게 말해 버리면 나라는 사람이 지닌 의지나 근기(根氣) 같은 면모는 강조될지언정 내가 겪는 이 생생하고 구체적인 고통은 조금 축소되는 느낌이 든다. 결과만 주목받고 그 결과를 만든 무수한 시간은 사소해지는 기분이다. 솔직히 말하면 나는 내가 대단하다기보다는 그렇게 하지 않을 수 없었다고, 그만큼 고통이 컸을 뿐이라고 생각한다. 비슷한 상황이라면 누구든 이렇게 살 수밖에 없지 않을까.

대단하다. 나도 별생각 없이 자주 쓰는 이 말이 유독 내 마음에 오래 머무른 날, 나는 사려 깊게 말한다는 것에 관해 다시 생각했다. 나에게도 여전히 어려운 문제다.

마켓컬리와 할머니의 텃밭

이른 아침 문자가 한 통 왔다. '배송 완료'를 알리는 메시지였다. 이게 말로만 듣던 샛별배송인가? 비가 억수같이 쏟아진 날이지만 택배는 아무 일 없다는 듯 제시간에 도착했다. '내가 자는 동안 누군가는 부지런히 일을 했겠구나. 오늘같이 궂은 날은 일하기가 더 어렵겠다.' 그런 생각을 하면서도 어쩔 수 없이 이런 마음이 들었다. '와, 정말 편하기는 편하네. 사람들이 애용하는 데는 이유가 있었어!'

'첫 주문 만 원 쿠폰' 정보를 전해 듣고 마켓컬리에 가입한 때가 며칠 전이다. 잊고 지내다 쿠폰 유효일이 곧 끝난다는 알림 문자를 받고 서둘러 주문한 물품이 막 우리 집 앞에 다다랐다. 그 속도감이 조금은 비현실적이고 기이하게 다가왔다.

어제 오후에 홈페이지를 둘러보며 내가 먹을 수 있는 식재료를 검색하니 살 만한 것들이 좀 보였다. 처음에는 쿠폰에 맞춰 만 원어치만 사야지 생각했지만, 예상대로 불가능했다. 그때부터 최소 주문 금액인 2만 원을 채우려고 장바구니에 뭔가를 넣다 빼다 하며 궁리했다. 고민 끝에 내 돈 주고는 사지 않을 듯한 칼집 낸 국산 군밤을 메인으로 담고, 한철 과일인 살구도 마지막으로 먹어 보자며 넣었다. 애매하게 모자란 금액은 애호박 세 개로 얼추 맞췄다. 만 원 쿠폰을 쓴다고 결국 만 원을 더 써 버린 셈이지만, 그래도 이득은 이득이니까. 주문한 지 만 하루도 안 돼 도착한 택배를 여니 밤과 살구와 애호박이 반갑게 모습을 드러냈다. 이 아이들을 냉장고에 잘 옮겨 넣은 뒤 집을 나섰다. 안 그래도 간식거리가 떨어져서 입이 심심했는데, 밤과 살구를 맛볼 생각을 하니 마음이 들떴다. 덕분에 비를 뚫고 도서관으로 향하는 걸음이 가벼워졌다.

얼마 전부터 근처 도서관에서 어른들이랑 함께 동화 읽는 수업을 한다. 평소에는 열 명 안팎이 참여하는데, 이날은 날씨 탓인지 시작할 시간이 다 돼 가는 데도 참석자가 없었다. 텅 빈 강의실에 앉아 아무도 오지 않을까 봐 걱정하고 있는데, 다행히 수업 직전 몇몇 사람이 자리를 채웠다. 한 분 한 분 들어올 때마다 어찌나 반갑던지.

오늘은 지난 시간에 이어 '공생'을 주제로 이야기를 나눴다. 박완서가 쓴 동화와 조던 스콧이 글을 쓰고 시드니 스미스가 그린 《할머니의 뜰에서》가 좋은 교재가 됐다. 그림책을 천천히 읽는데 오랜만에 봐서 그런지 새롭게 다가오는 장면이 많았다. 이날따라 유독 활자가 피부로 느껴지는 신기한 경험을 했다. 이를테면 비 오는 날 몸에 닿는 빗물과 땅의 감촉, 텃밭에 무릎 꿇고 앉아 흙을 만지는 촉감, 할머니와 손자가 손으로 주고받는 대화가 그랬다. 빗물,

흙, 살결. 축축하고 시원하고 보들보들하고 따스한 그 감각들이 하나하나 몸으로 전해지자 피부에 숨구멍이 생긴 듯했다.

사이사이 오트밀이나 비트같이 내가 먹을 수 있는 식재료를 만날 때는 반가웠고, 할머니가 텃밭에서 직접 가꾼 농산물로 건강한 아침밥을 지어 손자에게 주는 장면에서는 마음이 훈훈해졌다. 전쟁을 겪으며 충분히 못 먹은 시절에 겪은 허기가 몸에 각인된 탓에 손자에게 줄 밥을 차릴 때면 항상 큰 그릇에 한가득 담는 바바 할머니. 그런 할머니 마음을 알고 뭐든 남김없이 먹는 손자. 언어가 달라 소통이 어려운 두 사람이 말 대신 눈짓과 몸짓으로 나누는 대화가 아름다웠다.

식탁에 떨어진 음식은 얼른 주워서 입을 맞춘 뒤 다시 먹고, 비 오는 날이면 손자랑 함께 유리병을 챙겨 나가서 길가에 나온 지렁이를 부지런히 주워 텃밭으로 옮기고, 손수 지은 농작물로 식구들을 먹이고……. 그렇게 자기만의 뜰에서 생기롭게 살아가던 바바 할머니의 일상은 얼마 뒤 달라진다. 정성스레 가꾸던 텃밭이 사라지고 그 자리에 빌딩이 들어선 까닭이다. 손자네 집으로 옮긴 바바 할머니는 이제 방에 누워만 지낸다. 그새 노쇠해서 그런지 텃밭을 잃은 뒤로 삶의 활력마저 사라진 탓인지 정확하지는 않지만, 나는 텃밭이 미친 영향이 조금 더 크리라 생각하며 책장을 넘긴다.

할머니만큼이나 아이도 삶이 달라졌다. 할머니랑 텃밭과 주방에서 함께 보낸 시간도, 할머니랑 마주 앉아 밥을 먹은 시간도, 함께 비를 맞으며 지렁이를 주운 시간도 사라졌다. 이제 손자는 침대에 누워만 있는 할머니가 먹을 끼니를 챙긴다. 걸어가던 등굣길은 매번 아빠 차를 타고 다닌다. 전처럼 집 주변을 걸을 일도, 흙을 만질 일도 별로 없다. 집에는 여전히 씨앗이 있지만 아무도 관심이 없다. 텃밭을 돌보는 이도 없다.

활력을 잃은 바바 할머니를 보면서 박완서가 쓴 동화 〈옥상의 민들레꽃〉이 떠올랐다. 서울에 있는 자식들이랑 호화 아파트에서 살다가 스스로 생을 등진 할머니들은 손주를 업어서 기르고, 바느질해서 손수 옷을 만들고, 텃밭에 농작물을 심어서 키우고 싶어했다. 그런 할머니들에게 갑갑한 도시 생활은 창살 없는 감옥에 다름 아니었다. 연이은 죽음에 아파트값이 떨어질까 봐 걱정하면서 대책 회의를 연 주민들은 베란다에 쇠창살이나 자물쇠를 달자는 의견까지 낸다. 엄마 곁에서 그런 대화를 듣던 아이는 자기가 알고 있는 이야기를 전하고 싶어 발을 동동 구른다. 베란다에는 쇠창살이나 자물쇠가 아니라 민들레꽃이 필요하다고. 한 줌 흙에서도 생명을 피우는 민들레꽃이 쓸쓸한 죽음을 그치게 할 수 있다고.

언젠가 아이는 엄마가 자기를 짐처럼 여긴다고 생각해 삶을 등지려고 옥상에 올라간 적이 있다. 그때 콘크리트

틈새로 뿌리를 내린 민들레꽃이 아이를 살렸다. 그 끈질긴 생명력이 아이 마음을 바꾼 것이다. 그렇지만 아이가 전하려고 한 절박한 호소는 콘크리트처럼 굳어진 어른들 마음에 결코 전해질 수 없었다. 어쩌면 그런 불통이 할머니들을 살고 싶지 않게 만든 이유가 아니었을까.

어떤 이들에게서 생의 활기와 의지를 앗아간 도시 문명은 내가 길든 삶의 형태이기도 하다. 책 속에서 씨앗을 그저 내버려 두는 부모를 보자, 어젯밤 '당근 파종 시기'와 '비트 파종 시기'를 검색한 내 모습이 떠올라 좀 움찔했다. 작년 겨울, 한 가족이 이사 가면서 마을텃밭 자리를 물려받았다. 내가 먹을 수 있는 당근을 심을 생각이었다. 그렇지만 마음만 먹은 채 시간은 빠르게 흘렀고, 그렇게 몇 달을, 아니 일 년의 절반을 방치하고 말았다. 마음 한편이 찜찜했지만, 그즈음 바쁘게 돌아간 일정을 떠올리며 합리화하고 지내는 참이었다.

무엇부터 시작해야 할지 감이 오지 않아 더 손을 놓고 있기도 했다. 밭을 물려받을 때만 해도 의욕이 넘쳐서 주변에 조언도 구하고 직접 방법도 찾으면서 해 볼 참이었는데……. 편리함에 길든 몸은 쉽게 바뀌지 않았다. '괜히 밭을 달라고 했나, 책임지고 관리하지도 못하면서.' 마침 어젯밤에도 죄책감이 밀려와 파종 시기를 다시 검색했는데, 당근은 봄에 심어 여름에 거두는 작물이라 7월 초에는 파종하기 어려웠다. '어쩔 수 없지, 뭐.' 은근히 안도하고 기뻐

하는 내 모습에 허탈한 웃음이 나왔다. 어떻게든 빠져나갈 구멍을 만들려는 나에게 이렇게 못 박았다. 당근이나 무가 아니어도, 내가 먹을 수 있는 작물이 아니라도, 뭐든 심자. 올해가 가기 전에 말이다.

냉장고에는 몇 해 전 산 국산 콩나물콩(기름콩) 몇 킬로그램이 수북이 쌓여 있다. 나랑 체질이 같은 어느 분이 콩나물은 기르기도 쉬우니 건강한 콩을 직접 심어서 먹으라고 권했다. 좋은 콩은 건강을 지키는 큰 에너지원이 된다고, 씨앗에 담긴 힘이 있다고. 그 말을 듣고 마음이 동해서 '우리콩나물 살리기 운동본부' 사이트에서 콩나물콩을 잔뜩 주문하고 작은 화분도 샀다.

화분에 콩을 담아 햇빛이 들지 않는 자리에 두고 물을 주면서 기다리니 꼬물꼬물 콩나물이 자라기 시작했다. 며칠 쑥쑥 자라더니 곧 내가 아는 콩나물이 모습을 드러냈다. 몇 번 물 샤워를 시키고 검은 봉지를 덮어 준 일밖에 없는데 금세 잘 자라 어엿한 콩나물이 된 모습을 보니 기분이 오묘했다. 내 손으로 먹을거리를 키우다니! 슈퍼마켓에서 산 콩나물하고 다르게 연둣빛과 노란빛 콩이 들쭉날쭉 뒤섞인 콩나물을 냉장고에 넣어 두고 조금씩 꺼내 먹었다.

콩나물이 자라는 모습을 사진으로 하나하나 기록까지 하던 열정은 며칠이 지나며 한풀 꺾였다. 슬슬 번거롭고 귀찮은 마음이 올라온 것이다. 사 먹는 편이 여러모로 훨씬 더 편하고 합리적이라는 생각이 들었다. 콩나물은 생협에서 사도 크게 부담되지 않아서 더 그랬다. 몇 번 더 기르다가 다시 콩나물을 사 먹기 시작했다. 냉장고를 열 때마다 콩나물콩 봉지를 마주쳐도 이제 있는 듯 없는 듯 적당히 모른 척하면서 지낸다. 저 콩들을 다 치우면 이 찜찜한 마음에서 벗어날 수 있을까? 지금 저 콩을 먹을 수나 있나? 상하지 않은 걸까? 이런저런 생각을 하다가도 결국 쓱 외면하고 만다.

《할머니의 뜰에서》는 비 오는 날 홀로 지렁이를 주우러 나간 아이 모습이 마지막 장면이다. 할머니랑 함께한 시간을 몸으로 기억하는 아이는 혼자서 그 기억과 감각을 따라 움직인다. 그렇게 할머니가 지닌 생의 감수성이 부모를 건너뛰어 손자에게 전해진다. 마지막 쪽을 덮으면서 안도와 희망 같은, 연약하지만 단단한 감정을 느꼈다.

책 두 권을 다 읽은 뒤 우리는 '잃고 싶지 않은 유산'에 관해 이야기했다. 바바 할머니가 손자에게 전하고 그 아이가 또 다른 사람에게 전하게 될 유산은 우리 몸으로 느끼는 생생한 감각이 아닐까 싶다. 두 발로 땅과 흙을 밟고, 온몸으로 비를 맞으며 자연의 냄새를 맡고, 서로 손을 마주 잡는 느낌. 우리는 비대면이 익숙해진 이 시대에 얼굴을 마주하며 이야기 나누는 자리가 지속되기를, 종이책을 읽는 즐거움이 사라지지 않기를, 이렇게 동화를 읽고 생각을 나누는 자리가 이어지기를 바란다는 말들을 나눴다.

손가락으로 몇 번 터치하면 집 앞까지 빠르게 식료품이

배송되는 이 시대에는 자기가 먹을 농산물을 직접 거두는 일이 더 낯설게 느껴진다. 모든 일이 간편해진 세상에서 기꺼이 수고를 감내하는 삶의 태도를 생각한다. 나를 길들이는 이 시스템을 온전히 거스를 수는 없다. 어쩔 수 없이 적응하고 편의를 누리며 살아가겠지만, 그래도 기억하고 싶다. 우리가 하나둘 잃고 있는 것들을, 자기 나름의 방법으로 소중한 뭔가를 지키는 사람들을. 그리고 나에게도 그런 선택을 할 기회가 늘 열려 있다는 사실도 함께 말이다.

귀찮지만 즐거운 일

 요즘은 며칠 걸러 콩국을 먹는다. 간식 삼아 콩국만 마시기도 하고, 길고 넓적한 페투치니를 넣어 콩국 파스타를 만들거나, 통밀밥에 비벼 리조토처럼 먹기도 한다. 어떻게 해도 다 맛이 좋다. 덕분에 일상 행복 지수가 올라간다. 시판 두부를 끊은 뒤 대안으로 먹기 시작한 음식이 콩국이다. 도저히 집에서 두부를 만들 자신이 없어서 단념한 채 지내다가 문득 콩국이 떠올랐다. '아, 아쉬운 대로 콩국이라도 만들어 볼까? 삶은 콩을 갈기만 하면 되니까 두부보다 훨씬 낫잖아?'
 직접 만든 콩국은 생각보다 맛있었다. 무엇보다 안심하고 먹을 수 있어 좋았다. 여름이면 시판 콩물을 사서 콩국수를 종종 해 먹었는데, 그때마다 콩물에 들어간 첨가물을 확인하는 과정이 일이라면 일이었다. '콩 백 프로'라는 말을 믿고 산 콩물에 땅콩이 들어간 사실을 나중에 알고 당혹해한 적도, 진실은 모르지만 달달한 분유 맛 콩물을 먹고 컨디션이 확 안 좋아진 적도 있다.
 물론 모든 콩국이 그렇지는 않다. 정말 국산 콩 100퍼센트에 크림처럼 부드럽고 맛 좋은 집을 발견해서 쾌재를 부르며 자주 주문해 먹기도 했다. 그런데 봄과 여름에만 택배 주문을 받는데다 저렴한 가격은 아니어서 점차 주문이 뜸해졌다. 그렇게 한동안 콩국을 잊고 지냈는데, 내 손으로 다시 만들어 먹으니 얼마나 반갑던지. 좀 번거롭기는 해도 첨가물 걱정 없이 더 합리적인 가격에 먹을 수 있어서 마음이 편했고, 무엇보다 직접 만든 콩국이 정말 맛있었다!

콩국 만드는 방법은 별다른 것이 없다. 전날 미리 불린 콩을 10분 정도 삶는다. 콩깍지를 벗긴 뒤 물을 조금 넣고 믹서에 간다. 최대한 오래. 그러면 맷돌에 간 시판 콩물 못지않게 식감이 부드러워진다. 가장 귀찮은 과정은 콩깍지 까기다. 삶은 콩은 콩깍지가 부드럽게 잘 벗겨지는 편이기는 해도 한 알 한 알 일일이 까려면 은근히 귀찮고 시간도 걸린다. 그때마다 누가 콩깍지 좀 대신 까 주면 좋겠다는 마음이 스멀스멀 올라온다. 이래서 사람들이 다 사 먹는 거겠지? 어느 날은 콩깍지도 어차피 콩의 일부이니까 그냥 먹자 싶어서 그대로 갈았더니, 생콩을 먹는 듯 비린 맛이 훅 올라왔다. 결국 다시 콩깍지를 까기 시작했다.

삶은 콩을 한가득 앞에 두고 앉아 콩깍지 벗긴 콩을 그릇에 차곡차곡 담는다. 벗겨도 벗겨도 콩은 쉽게 줄어들지 않는다. 그럴 때면 재미있는 놀이 하듯 해 본다. 콩 하나에 백 원을 번다고 생각하면 눈에 불을 켜고 콩깍지를 찾지 않을까? 그렇게 생각하니 신기하게도 '백 원? 놓칠 수 없지!' 하는 마음이 들었다. '뭐야, 아직 이만큼이나 남았네'

하고 푸념하던 마음이 '와, 아직 이만큼이나 남았네' 하는 즐거운 마음으로 바뀌는 듯했다. 아니, 그러려고 자꾸 최면을 걸었다. 백 원, 이백 원, 삼백 원……. 어디 또 콩깍지 씐 콩 없나? 하나라도 놓칠 수 없다!

콩국은 별것 아닌 듯해도 은근히 손이 가는 음식이다. 그래도 해 먹는다. 맛있으니까. 맛있는 음식을 먹고 싶은 욕구가 귀찮은 마음을 이긴 셈이다. 나는 이 변화가 좋다. 예전에는 '남이 해 주는 맛있는 음식'이 좋았다. 그때는 엄마를 많이 부려 먹었고, 간편식이나 군것질거리를 자주 찾았다. 그럴 수 없을 때는 귀찮아서 끼니를 거르기도 했다. 그런 내가 어느 순간부터 내 손으로 만든 음식을 즐긴다. 맛있게 먹는 즐거움을 누리고 싶어 기꺼이 몸을 움직이고 시간을 들인다. 고작 몇 가지 음식을 할 뿐이지만 그때마다 우리 엄마가, 많은 여성이 평생 한 일을 이제야 하는구나 싶어 민망하고 미안해진다. 고작 나 한 사람 입에 넣으려고 하는 일일 뿐이지만, 그래도 이런 내 모습이 대견하고 뿌듯하다.

신기하게도 내 입에 들어갈 음식을 정성 들여 만드는 일상이 몸에 익자 다른 사람 입에 들어갈 음식도 즐거운 마음으로 마련할 수 있게 됐다. 식재료를 사고, 손질하고, 조리하는 과정이 이제 더는 '귀찮은 일'만은 아니다. 좀 귀찮지만 즐거운 일이랄까.

자립의 집밥

독립한 지도 어느덧 3년이 넘었다. 부모님 집에서 엎어지면 코 닿을 거리에 살지만 자주 왕래하지는 않는다. 생활이 바쁘기도 하고, 같이 뭘 먹을 일이 없다 보니 자연스레 덜 보게 되기도 한다. 가끔은 아쉽지만, 대체로 이런 상태가, 이 거리감이 마음에 든다. 오랜 시간 한 공간에서 부대끼며 지낸 가족들이랑 좀 떨어져 지내는 삶이 독립을 한 주요 목표 중 하나이기 때문이다.

이전부터 혼자 생활하는 내 모습을 그려볼 때면 단연 식생활이 가장 염려됐다. 나는 요리에 취미가 없는데다 음식을 준비하는 일을 몹시 귀찮아하는 사람이기 때문이다. 물론 먹는 일뿐 아니라 청소하고 빨래하고 집안 곳곳을 보살피는 살림을 모두 엄마에게 의지하고 산 탓에 독립을 한다면 제대로 사람 구실이나 할 수 있을지 걱정될 때가 많았다. 엄마가 날마다 살뜰히 챙겨 준 집밥에 오래 길든 내가 스스로 매 끼니를 잘 먹을 수 있을까? 아마 즉석식품이나 라면 같은 간편식으로 허겁지겁 때우는 날이 많겠지. 안 봐도 훤했다. 어쩌면 집에서 늘 반찬을 공수하느라 엄마가 '두 집 살림'을 하는 모양새가 될지도 몰랐다. 그것을 진정한 독립이라 할 수 있을까. 그런 모습을 상상하다 보니, 내가 한 사람으로 온전히 자립하는 데는 '식'의 독립이 무엇보다 중요하겠다는 생각에 이르게 됐다.

독립하고 얼마 되지 않았을 때는 엄마가 종종 밑반찬을 가져다줬다. 무를 얇게 썰어 소금 간만 한 무채볶음, 채 썬 연근에 간장만 넣고 조린 연근조림, 콩나물에 소금이나 된장을 조금 넣은 콩나물무침 같은 것이었다. 마음은 고마워도 양이 많아서 다 먹지 못할 때가 많았다. 남은 음식을 버릴 때는 엄마에게 미안하고 세상에도 죄짓는 기분이 들어 마음이 무거웠다. 엄마에게 더는 반찬을 해 주지 않아도 된다고 말하고 나서야 죄책감에서 벗어날 수 있었다. 혼자 살다 보니 미리 해 두고 먹는 반찬보다 그때그때 만들어 먹는 쪽이 더 편리하고 합리적이라는 사실을 알게 됐다. 이런 변화가 좀 놀랍기도 했다. 평생을 엄마 손맛과 살뜰한 손길에 길들어 살아온 내가 이렇게 달라질 수 있구나.

체질식을 시작한 뒤에도 엄마는 내가 먹는 음식에 신경을 많이 썼다. 매일 내가 먹을 수 있는 두부나 당근, 콩나물로 반찬을 만들고 된장국이나 콩나물국을 끓였다. 때로는 채수로 맛을 낸 된장국에 통밀 가루 반죽을 풀어 수제비를 쒔고, 래디쉬와 비트, 무를 넣어 체질 맞춤식 동치미를 담그기도 했다. 채수와 간장으로 절인 무장아찌를 내오는가 하면, 어느 날은 직접 만든 만두피에 버섯, 두부, 애호박, 당근을 넣고 손만두를 빚었다. 사랑이 아니라면 하기 어려운 음식들이다. 그런 정성 덕분에 고통스러운 체질식 적응기를 그나마 어렵지 않게 지날 수 있었다.

그러다 독립을 하면서 엄마 밥이랑 이별했다. 스스로 그렇게 하기로 정했다. '밥'으로 이어진 연결 고리가 온전한 독립을 방해할 수 있겠다는 생각이 든 탓이다. 따로 살기 시작하면서 일부러 본가에 거리를 두고 '내 음식은 내가 만들어 먹는' 규칙을 지켰다. 막상 해 보니 의외로 더 편하고 좋기도 했다. 독립하기 전에 한 염려는 대부분 기우라는 사실을 알게 된 시간이었다. 나는 내가 먹을 음식을 만드는 일을 생각보다 즐기는 사람이었고, 나만의 방식으로 밥상을 차리는 재미도 느낄 줄 아는 사람이었다. 귀찮기는커녕 그 시간이 매번 기다려질 정도였다.

얼마 뒤부터 종종 사람들을 집으로 초대해 음식을 대접하거나, 내가 먹을 수 있는 한정된 재료로 이런저런 새로운 요리를 시도하기도 했다. 예전이라면 상상도 할 수 없는 일이다. 부엌이 엄마가 아니라 내 자리가 되고 나서야 알게 된 또 다른 내 모습이 마음에 들었다. 나도 마음만 먹으면 잘할 수 있는 사람이라는 사실을 알게 되자 자존감도 조금씩 높아졌다. 그렇게 나는 내 입에 들어갈 음식을 내 힘으로 만들어 먹는 인간으로 다시 태어났다.

이런 변화 아래에는 체질식이라는 특수한 조건이 놓여 있다. 무엇이든 먹을 수 있을 때는 아무런 관심도 흥미도 없던 요리가 먹을 수 있는 음식에 제약이 생기고 나서야 재미있어진 이유도 비슷하다. 그것이 요리 초보에게 딱 맞는, '할 만한' 일이기 때문이었다. 두부를 굽고, 몇 가지 채소를 볶고, 오트밀죽을 끓이는 일은 요리라고 하기도 민망할 정도로 간단했다. 게다가 먹을 수 있는 음식이 많지 않다 보니 뭐든 조금이나마 더 맛있고 다르게 만들려 고민하면서 새로운 맛을 찾아내는 즐거움을 자연스레 알게 됐다. 음식을 만들어 먹는 나만의 방식이 생기면서 이제 남이 차려 주는 음식이 아니라 직접 해 먹는 음식이 맛있다. 평생 엄마 밥을 먹고 산 나이지만 체질식만큼은 내가 만든 음식이 더 입맛에 맞다.

독립하기 전 가족하고 함께 살 때는 모든 것이 다 유혹이었다. 식탁에 놓인 과일과 과자, 냉장고를 열면 보이는 반찬과 아이스크림, 매일 가족이 모여 먹는 따끈한 집밥까지. 함께 먹을 때야 즐거워도 나만 먹지 못하는 상황에서는 고역처럼 느껴질 때도 많았다. 대안이 없으니 그저 적응하며 살았는데, 혼자 지내게 되니 오히려 생활이 더 안정되고 편안해졌다.

음식을 가려 먹지 않았다면, 나는 독립한 뒤에도 발 한쪽은 본가에 걸치고 살 수 있었다. 시도 때도 없이 집밥을 먹으러 찾아가거나 반찬을 받아 오는 짓을 염치없이 반복할 수도 있었다. 돌아보면 그토록 힘든 체질식 덕분에 나는 꼿꼿이, 오롯이 홀로 섰다.

밥은 먹었나?

"밤 쪄 놨어." "배 좀 사 놨어." 언제부터 엄마는 메신저나 전화로 이렇게 이야기한다. 집에 한 번 들르라는 말이다. 어느새 이런 대화는 우리만의 독특한 신호가 됐다. 나도 부모님 집에 가기 전에 넌지시 말한다. "밤 좀 쪄 놔." '집에 좀 와'나 '이따 집에 갈게' 같은 말 대신에 우리는 먹을거리로 나름의 소통을 한다. 집에 도착하면 압력솥으로 찐 밤이 나를 반긴다. 엄마는 꼭 내가 다 먹지도 못할 양을 찌고는 남으면 가져가서 먹으라며 챙겨 준다. 오랜만에 들른 딸을 그냥 보내기가 아쉬운 엄마만의 애정 표현법이다.

배가 불러도 정해진 의식을 치르듯 식탁에 앉아 엄마가 준비한 음식을 맛있게 먹는다. 밤을 먹고 나면 삶은 배가 나온다. 이제 식전이 아니면 과일은 잘 찾지 않는데, 이때만은 맛있게 먹는다. 엄마 손맛이 담긴 음식은 아니어도 마음과 정성이 배어 있기 때문이다. 나만의 방식으로 부모님 집에서 엄마 음식을 먹으며 몸과 마음을 충전한다.

집에서 뭘 꼭 먹어야 할 이유는 없다. 그냥 얼굴 보고 이야기만 좀 나눠도 충분하다. 그런데 그런 날은 뭔가 허전하고 아쉬웠다. 생각해 보면 집은 음식을 함께 먹은 추억이 차곡차곡 쌓인 장소다. 지금까지 엄마랑 함께 살면서 내가 가장 자주 한 말은 '배고파'일지도 모르고, 엄마가 나에게 가장 자주 한 말은 '밥 먹어'일지도 모르겠다. 엄마와 자식은 그렇게 먹이고 또 받아먹는 행위로 연결된 관계일 것이다. 가끔 안부 전화를 주고받을 때도 엄마는 내가 잘 먹고 있는지를 가장 궁금해한다. 늘 정해진 식단이라 궁금할 일이 없는데도 그렇다.

한집에 살 때는 엄마가 얼마든지 내 끼니를 챙겨 줬다. 통밀, 귀리, 당근, 콩나물, 연근, 두부처럼 내가 먹는 식재료를 항상 집에 준비해 둔 덕분이었다. 엄마는 된장국을 끓이고, 두부를 굽고, 연근조림이나 당근볶음, 콩나물볶음을 해서 밥을 차렸다. 그렇지만 따로 살기 시작한 뒤에는 엄마가 밥을 차려 줄 일이 거의 없다. 엄마는 그런 딸에게 무엇이든, 엄마 손맛이 담긴 음식을 먹이고 싶은지도 모르겠다. 우리는 이제 각자 먹을 수 있는 음식을 앞에 두고 식탁에 마주 앉는다. '식구(食口)'는 '먹을 식'에 '입 구'를 합친 말이다. 가족이란 함께 살지 않아도 음식으로 정을 나눠야 하는 사이인가 보다.

어쩌다 미식가

· · ·

맛의 조화

지난주부터 매일 된장국을 끓이고 있다. 엄마가 담근 집 된장을 풀고 호박, 당근, 버섯을 양껏 썰어 넣은 뒤 팔팔 끓이면 건강하고 맛 좋은 된장국이 뚝딱 완성된다. 갓 지은 밥에 된장국 하나, 이 상차림이 나에게는 진수성찬이다. "감사히 먹겠습니다." 식탁에 앉아 인사한 다음 허겁지겁 먹는다. 누가 보면 민망할 정도로.

된장은 내 체질 음식이지만 그동안 거의 먹지 않았다. 소화가 잘 안돼 국물을 먹지 않는 습관이 생긴 탓도 있지만 '멸치 육수 빠진 된장찌개'가 그다지 입맛에 맞지 않은 이유가 더 크다. 체질식을 시작하고 나서야 된장찌개 맛을 좌우하는 요소는 된장만이 아니라는 사실을 알게 된 까닭이다. 맛국물이 빠진 된장찌개는 앙꼬 없는 찐빵처럼 밍밍하고 심심했다. 게다가 혼자 살기 시작하면서 굳이 국을 끓이지 않다 보니, 내가 된장을 먹을 수 있다는 사실조차 잊는 지경에 이르렀다.

잊고 지내던 된장국이 어느 날 불쑥 식탁에 올라왔다. 몇 달 전, 심한 소화 불량이 동반된 몸살을 앓은 때였다. 며칠간 음식은 입에 대지도 못하고 소금과 물로 목만 축이며 지냈다. 밥은 도저히 못 먹겠는데, 이상하게도 짭짤하게 간이 밴 국물이 당겼다. '아, 된장국이면 좋겠는데…….' 그런 생각을 하자마자 참을 수 없을 정도로 된장국이 먹고 싶어졌다.

가까이 사는 엄마에게 전화를 걸었다. "엄마, 된장국 먹고 싶어." 내 말이 끝나자마자 엄마는 무와 당근과 애호박과 버섯을 넣고 끓인 따끈한 된장국을 집까지 배달했다. 며칠을 쫄쫄 굶다가 먹은 음식이어서 그런지 된장국은 정말 달고 맛있었다. 국물만 조금 먹으려다가 나도 모르는 새 밥까지 말아 먹을 만큼. 된장국을 정신없이 먹고 나서 서서히 기력을 회복했다.

그런데 이상했다. 오랜만에 먹은 된장국은 내가 알던 맛하고 조금 달랐다. 찜찜한 마음에 몇 숟갈 뜨자마자 전화를 걸어 물었다. "엄마, 된장만 넣은 거 맞나? 된장국이 단데?" 엄마는 직접 만든 된장만 넣고 끓인 국이라고 했다. 엄격하게 식단 조절 중인 내 상황을 잘 아는 엄마가 다른 재료를 넣을 리 없다는 사실을 알면서도 달짝지근한 맛에 고개를 갸우뚱하며 확인해 봤다. 오랜만에 먹어서 그런가. 의아하게 생각하면서 다시 된장국 맛에 빠져들었다.

그때부터 내내 엄마가 준 된장으로 된장국을 끓이고 있다. 그러면서 알게 됐다. 그날 내가 너무 허기져 있던 탓이 아니라 원래 된장국이 맛있는 음식이라는 사실을. 먹을 수 있는 식재료를 송송 썰어서 된장 풀고 끓이면 밥 두 그릇을 뚝딱한다. 조금 먹고 남겨서 저녁에 먹으려던 계획이 매번 무색해진다. 달고 구수하고 짭조름한 된장국은 먹어도 먹어도 질리지 않는다.

신기하게도 된장만 찍어 먹을 때는 짜게 느껴지다가 국으로 끓이면 은근히 단맛이 났다. 물에 넣으면 된장도 달아지나 궁금했는데, 알고 보니 된장 맛이면서 채소 맛이기도 했다. 애호박도 당근도 푹 익으면 더 달달해진 기억이 떠올랐다. 그러니까 비결은 채수에 있었다.

예전에는 된장국에 꼭 멸치 육수가 들어가야 한다고 생각했다. 그래야 맛이 산다고, 그런 감칠맛이 핵심이라고 믿었다. 이제는 꼭 그렇지 않다는 사실을 안다. 그냥 된장 하나로, 몇 가지 채소를 넣은 우려낸 국물만으로 충분히 맛있다. 어제는 난생처음 비트를 넣은 된장국을 끓였다. "아, 맛있다!" 보랏빛 된장국을 먹으면서 감탄사를 연발했다. 오늘 저녁에도 된장국을 끓일 참이다. 며칠 전 사 둔 콩나물을 넣고 팔팔 끓여서 뜨거운 김이 솟아나는 된장국을 후루룩 먹을 것이다. 달고 구수하고 담백하고 깊은 나만의 된장국을, 이 맛있는 음식을 가까운 이랑 같이 먹고 싶다.

청국장 변주곡

자주 가는 두부 가게에서 국산 콩으로 뜬 청국장을 샀다. 내 손으로 처음 산 청국장이다. 싫어하지는 않아도 부러 찾아 먹을 정도는 아니어서 체질에 맞는 음식인 줄 알면서도 몇 년 동안 한 번도 해 먹지 않았다. 그러다 올봄 된장국에 맛을 들이면서 청국장찌개도 한 번 도전해야겠다는 생각이 들었다. 믿고 사 먹는 가게에서 날이 선선해질 무렵부터 청국장을 판다는 말을 듣고는 은근히 가을을 기다렸다. 드디어 청국장 하나를 사서 집으로 돌아오던 날, 새로운 식단을 발견한 기분에 마음이 좀 설렜다.

집에 들어와 통을 여니 발효된 콩들이 오밀조밀 붙어 있었다. 숟가락으로 콩을 조금 퍼서 냄새를 맡았다. 기억보다 더 담백하고 구수한 향이 올라왔다. 청국장은 냄새 때문에 호불호가 갈린다지만 그저 향긋하게 느껴졌다. 콩 주변에 끈적끈적한 실이 있어서 겉모습은 낫또하고 똑 닮아 보였다. 낫또보다 콩알이 조금 더 클 뿐. 내가 아는 청국장은 동그랗거나 네모나게 엉겨 붙은 모양이어서 그런지 낱알 청국장이 퍽 낯설었다.

궁금한 마음에 얼른 냄비에 물을 올리고는 애호박, 당

근, 새송이와 만가닥버섯을 송송 썰어 넣었다. 채소가 익을 때까지 기다리다가 청국장을 한 숟가락 넣고 휘휘 저으니 콩이 한 알 한 알 흩어졌다. 소금도 안 넣은 청국장이라고 들어서 간을 맞출 겸 간장도 조금 넣었다. 금세 완성된 청국장찌개를 그릇에 담고 늘 먹는 귀리 통밀밥을 함께 차렸다.

따끈따끈한 청국장찌개를 한 숟갈 떴다. 담백하고 맑았다. 된장보다 훨씬 덜 짜면서 구수한 콩 맛이 입 안 가득 은근하게 퍼졌다. 예전에 먹은 청국장찌개는 된장찌개처럼 진했는데, 첨가물 없는 청국장은 색도 맛도 연했다. 채소 우린 물에 구수한 콩 맛과 짠맛이 더해진 청국장찌개. 별것 없어 보이는 이 음식이 왜 이리 감칠맛 있고 자꾸 떠오르던지. 그동안 밖에서 사 먹은 청국장찌개하고도 집에서 엄마가 끓인 청국장찌개하고도 달랐다. 분명 지금껏 먹은 적 없는 새로운 청국장찌개였다.

분명 같은 콩으로 만든 음식인데 된장국하고는 맛이 다른 점도 신기했다. 체질식을 하면서 가끔 놀란다. 흰콩과 소금을 먹을 수 있을 뿐인데 먹는 음식 가짓수가 이렇게 다양해질 수 있구나. 된장, 청국장, 간장, 콩국, 두부, 콩밥, 볶은 콩가루······. 한 가지 재료에서 나온 음식들은 제각각 모양도 맛도 다르다. 그때마다 콩 한 알에 새삼 감사한 마음이 든다.

처음 청국장을 끓일 때는 양을 가늠하기 어려워서 한

숟가락 조금 안 되게 넣었다. 다음에 더 푸짐하게 넣으니 국물이 한층 걸쭉해지고 맛도 깊어졌다. 여기에 콩나물이 들어가니 맛이 또 달라졌다. 된장국을 끓일 때도 느낀 적 있지만 콩나물을 넣느냐 안 넣느냐에 따라 맛이 확 차이 난다. 그래서 요즘은 조금씩 재료를 변주하고 있다. 처음에는 청국장만 넣다가 지금은 엄마 집 된장을 조금 푼 뒤에 청국장을 한 숟가락 넣는다. 애호박, 당근, 버섯, 콩나물을 다 넣기도 하지만, 버섯 하나만 넣을 때도 있고, 콩나물을 한가득 넣기도 한다. 여기에 밥을 넣으면 콩나물청국장국밥이 완성된다. 지금까지 청국장을 좋아한다고 생각한 적이 한 번도 없었는데, 처음 끓여 먹은 그날부터 나는 이 음식에 단단히 빠졌다. 별다른 것 없는 소박하고 정갈한 청국장이 정말 맛있어서 하루 세 끼를 다 끓여 먹는다. 그동안 소화가 잘 안되는 듯해 국은 거의 안 먹었는데, 지금은 언제 그런 적 있나 싶게 매 끼니 국을 끓인다. 덕분에 날마다 식사 시간이 더 즐겁다.

청국장 맛에 중독돼 혼자 한참 즐기다가 얼마 전에는 친구랑 함께 먹었다. 평소보다 재료를 양껏 넣고 끓인 청국장찌개를 맛본 친구는 처음 먹는 맛이라고, 이렇게 맑은 청국장 국물이 신기하다고 했다. 순하고 건강한 맛인데 맛이 없지도 않다는 말에 내심 뿌듯했다. 내가 느낀 그 맛을 친구도 그대로 느끼는구나 싶었다. 체질식을 하면서 자극적인 맛을 거의 잊은 나야 맛있어도 일반식을 하는 사람은 어떨까 궁금했다. 친구 반응을 보고 나에게만 맛있는 음식은 아니라는 확신이 들었다. 이제 다른 사람들에게도 이 소박하되 충분한 맛의 세계를 전하고 싶다.

도서관 시식회

지난 일요일 독서 모임 사람들하고 내 체질 음식으로 같이 밥을 먹었다. 친구를 초대해 청국장을 먹고 나니 다른 사람들하고도 이 맛을 나누고 싶어져서 먼저 말을 꺼냈다. "이번 모임 때 점심 같이 먹을래요? 제가 청국장찌개 끓여 갈게요." 은근히 호불호가 갈리는 음식이라 사람들 반응이 궁금했는데, 다들 좋다는 말에 금방 약속이 잡혔다. 인원이 많지 않은데다 모임 장소인 마을 도서관이 바로 집 앞이라서 나도 부담 없이 제안할 수 있었다.

모임 전날에는 청국장에 넣을 재료를 넉넉히 사고 머릿속으로 시뮬레이션했다. 이 냄비에 끓이고, 사람에 맞게 양은 이 정도 하고, 짐은 이렇게 나눠 들고……. 원래는 도서관에서 쌀밥을 준비한다고 해서 나는 청국장찌개만 끓이기로 했는데, 아침이 돼서 통밀밥까지 챙기기로 마음을 바꿨다. 내가 먹는 그대로 맛을 보여 주고 싶었다. 그래야 제대로 된 체질 음식 시식회가 될 테니까.

통밀과 귀리쌀을 씻어 밥을 안치고 냄비에 물을 올렸다. 당근, 애호박, 버섯, 콩나물을 넣고 끓이다 된장과 청국장을 풀었다. 평소보다 청국장을 많이 넣으니 구수한 향이 부엌 가득 퍼졌다. 청국장 냄비를 조심히 들고, 갓 지은 통밀귀리밥과 오트밀, 미리 덜어 놓은 채수, 혹시 모를 냄새에 대비한 섬유 탈취제까지 챙겨 집을 나섰다. 냄비를 떨어트릴까 봐 조심조심 걸어가는데, 도서관까지 가는 이삼 분이 이날따라 유독 길게 느껴졌다. 음식을 먹을 수 있는 모심방에 짐을 풀었다. 청국장찌개를 따뜻하게 데웠고, 그릇에 국과 밥을 담았다. 곧이어 네 사람이 모여 앉았고, 나는 단출한 밥상을 소개했다. 모두 숟가락을 들고 국과 밥을 떠먹었다. 여러 사람하고 체질식을 함께 먹는 일이 처음이라 어색하면서 은근히 긴장도 됐다. 사람들 입맛에 잘 맞을까?

그날 점심은 다양한 음식을 나눠 먹은 한 달 전 연말 파티하고는 분위기가 사뭇 달랐다. 모두 한결 진지한 자세로 천천히 음식을 음미했고, 나도 평소보다 더 집중해서 식사했다. 메인 메뉴 청국장찌개가 입맛에 맞을지 궁금해하면서 반응을 살피는데, 의외로 밥이 맛있다고들 했다. 나에게 친숙한 통밀밥이 다른 이들에게는 새롭고 낯선 음식이었다. 통밀과 귀리가 입안에서 톡톡 터진다고 했다. 오트밀까지 뿌려 먹으니 식감이 더 다양해서 밥 먹는 일이 재미있게 느껴진다고. 앨리스는 쌀밥은 대개 허겁지겁 먹는데 통밀밥은 오래 씹게 돼서 '내가 지금 밥을 먹고 있구나' 하는 생각이 든다고 말했다. 청국장찌개를 별로 좋아하지 않는데 향이 옅어서 거북하지 않다는 말도 덧붙였다.

새해를 맞아 7일 단식을 한 뒤 이제 보식 기간이라는 너머는 음식이 모두 순한 맛이어서 더 좋다고 했다. 채소 몇 가지로 끓인 청국장찌개는 자극적이지 않은데다 전혀 부담 없는 맛이라 안심하고 먹었다고. 나도 마음이 놓였다. 그러고 보면 내 체질 음식은 아무나 무난하게 즐길 수 있는 메뉴이기도 하다. 유독 천천히 식사한 우엉은 재료들이 밀도가 높다는 소감을 들려줬다. 가끔 건강식을 먹으러 가면 어딘가 빈 맛이 느껴질 때가 있는데, 그런 느낌이 전혀 없다고 했다. '꽉 찬 맛'이라는 표현에 내심 기뻤다. 통밀, 귀리, 오트밀, 된장과 청국장, 당근, 호박, 버섯, 콩나물 같은 여러 재료가 어우러져 꽉 찬 맛을 만들었겠지. 다른 때보다 더 집중해서 맛을 음미하고 표현한 이들 덕분에 한 끼 식사가 더 풍성해진 기분이었다.

　생각해 보면 밥을 먹으면서 음식 맛을 두고 이렇게 세심한 대화를 나눈 적이 거의 없었다. 내가 먹는 음식을 가지고서는 더더욱. 그래서 그럴까, 평소랑 조금 다른 대화가 신선하고 좋았다. 이날 사람들하고 음식을 나누면서 내가 먹는 밥이 별다를 것 없이 평범하다는 생각을 새삼 했다. 나도 그냥 아무나 먹을 수 있는 음식을 먹을 뿐이었다. 그동안은 내가 먹는 음식을 다른 사람은 못 먹는다고 생각했다. 먹을 수 있는 음식이 다르니까 함께 식사하기 어렵다고 단정 지었다. 같은 음식을 먹으면서 주고받는 교감이 더는 힘들다고만 생각했다. 음식 때문에 다른 사람과 나

사이에 어쩔 수 없는 거리감이 생길 수 있다고, 달리 방법이 없으니 그저 받아들일 수밖에 없다고 여겼다. 그런데 지나고 보니 꼭 그렇지도 않았다. 음식을 가리는 내가 다른 이들 식성에 맞추기는 어려워도 다른 이들은 내게 맞는 음식을 얼마든지 함께 먹을 수 있으니까. 다른 이들이 나를 이해할 때까지 기다리기보다는 내가 먼저 내 섭식의 세계로 사람들을 초대할 수 있다는 사실을 배운 하루였다. 서로 마음만 열면 되는 일이었다.

천천히 식사를 마친 사람들이 식기와 수저, 냄비를 깨끗이 설거지했다. 올 때보다 가벼운 짐을 들고 집으로 돌아가는 길, 배가 든든했다. 함께 나눠 먹은 청국장찌개 맛이 오래오래 내 혀끝에, 마음에 맴돌 듯했다.

어쩌다 미식가

"딸, 니는 나중에 커서 꼭 두붓집에 시집가라." 어릴 때부터 부모님은 두부를 유독 좋아하는 딸에게 자주 말했다. 농담 삼아 건넨 그 말이 이상하게도 싫지 않았다. 나는 두부를 정말 좋아했고, 그런 나에게는 덕담이나 다름없었으니까. 그 나이 때는 시집가라는 말에도 별다른 거부감이 들지 않아서 그저 배시시 웃으며 두붓집 며느리도 나쁠 일 없다고 생각할 뿐이었다. 그러다 보니 '나는 두부 좋아하는 사람'이라는 생각이 머릿속에 콕 박혀서 두부가 더 좋아졌다.

엄마는 두부를 기름에 구워 간장하고 함께 식탁에 올리거나 고춧가루 양념에 양파와 대파를 송송 썰어 넣은 두부조림을 자주 만들었다. 가끔은 두부를 노릇하게 구워 두부조림을 했는데, 또 다른 별미였다. 부드러운 두부 못지않게 잘 구워 쫄깃한 두부는 식감도 좋고 감칠맛도 더했다. 입맛이 없어서 끼니를 거르려다가도 두부 반찬이 있는 날은 꼭 식탁에 앉았고, 밥을 평소보다 반 공기쯤은 더 먹었다.

두부는 어떻게 먹어도 맛있다. 생으로 먹어도, 국이나 찌개에 넣어 먹어도, 굽거나 조려 먹어도 다 괜찮다. 그중에서도 나는 구운 두부를 간장에 찍어 먹을 때가 가장 맛있다. 단순하고 담백한 맛은 언제 먹어도 질리지 않는가 보다.

한의원에서 두 달이 넘는 긴 여정 끝에 드디어 체질을 확정받은 날, 나도 모르게 안도의 기쁨을 느꼈다. 체질표에 적힌 '두부'라는 두 글자 덕분이었다. 내 체질에 맞는 식단이 빼곡하게 정리된 표에는 두부를 포함해 메주콩으로 만든 음식은 다 먹을 수 있다고 적혀 있었다. 내가 그냥 두부를 좋아한 게 아니었구나. 두부와 나 사이에 묘한 인연이 느껴졌다.

그렇지만 체질표에는 몇 가지 조건이 붙었다. 첨가제를 최대한 덜 넣은 국산 콩 두부를 먹을 것. 두부를 만들 때 모양을 단단하게 잡으려고 쓰는 응고제와 보존제 등이 몸에 해롭다고 했다. 시판 두부보다는 직접 만들어 먹으면 좋다고 친절하게 두부 만드는 법을 적은 종이까지 쥐여 줬다.

지금까지는 마트나 시장에서 파는 아무 두부나 사 먹었는데, 두부라고 다 같은 두부가 아니었구나. 당황스러웠다. 그때부터 식재료를 살 때마다 원산지와 첨가물 같은 내용을 들여다보기 시작했고, 두부나 콩국, 도토리묵처럼 주인이 직접 만들어 파는 가게에서는 무슨 재료를 넣는지 꼬치꼬치 캐묻게 됐다.

얼마 뒤에는 친환경 생활협동조합에서 파는 두부를 알게 됐고, 국산 콩과 해양 심층수만 쓴다는 손두부 가게도 찾았다. 우리 동네 두부협동조합에서 만든 두부를 처음 먹고는 정말 맛있어서 깜짝 놀라기도 했다. 두부가 이렇게 고소하고 부드럽다니! 갓 만든 따끈한 두부는 앉은 자리에서 한 모를 다 먹을 수도 있을 만큼 맛이 좋았다.

콩이라는 같은 재료로 만드는데도 두부마다 미묘하게 맛이 달랐다. 콩 종류부터 간수, 응고 과정에서 쓰는 첨가제, 방부제 유무에 따라 두부 맛이 이렇게 천차만별일 수 있다는 사실을 알고 나니 맛의 세계가 더 신비로워졌다. 그저 두부라면 다 좋아하던 나는 더 다채로운 두부 맛을 알게 됐고, 시간이 지날수록 미세한 차이를 더 예리하게 느끼는 미각을 지니게 됐다.

꼭 두부만이 아니라 한두 가지 음식을 오래 먹다 보면 자연스레 맛을 느끼는 감각이 발달한다. 도토리묵이나 버섯, 당근, 밤 등도 맛이 다 제각각이라는 사실을 어느 순간 자연스레 알게 됐다. 약을 쳐서 통통해진 콩나물과 팽이버섯은 유기농 작물하고는 맛과 향이 다르다. 밤도 당근도 마찬가지다. 체질식을 하면서 얼결에 미식가가 된 기분을 자주 느낀다. 내 체질에 맞는 음식에 관련해서는 빼어난 맛 감별사가 된 듯하다. 믿거나 말거나.

미안한 마음

2019년부터 체질식을 시작했다. 지금은 일상이 됐지만, 처음에는 온통 낯설고 어려운 일투성이였다. 음식만 가려 먹으면 되는 줄 알았는데, 식재료 원산지, 유기농 여부, 첨가물과 유통 과정 등 생각보다 꼼꼼히 따져야 할 요소가 많았다. 음식을 가려 먹는 일만큼이나 건강한 식재료가 무엇보다 중요하다는 말을 듣고는 생협에 가입해 버섯, 콩나물, 무, 당근, 연근 같은 식재료를 사기 시작했다.

건강한 먹을거리라는 세계에 발을 들이고 보니 그동안 내가 먹은 음식부터 식생활 하나하나가 새롭게 보였다. 우선은 내 입에 들어오는 음식에 한 번도 진지한 관심을 쏟은 적이 없다는 사실이 그랬다. 여태 나는 음식을 입맛에 잘 맞는 것(맛있는 것)과 입맛에 맞지 않는 것(맛없는 것), 아니면 가성비가 좋은 것과 나쁜 것으로 구분하며 살았다. 뭐든 더 싸거나 더 맛있으면 장땡이라 여겼다. 몸이 아프지 않다면 지금도 의심 없이 예전 식생활을 고수하며 살고 있을지 모르겠다.

끼니마다 먹는 음식에도 무지하고 무관심했다. 농약이나 살충제, 유전자 변형 식품에 관해 모르지 않으면서도 별다른 문제의식을 못 느꼈다. 당장 내 몸에 어떤 변화를 일으키지 않다 보니 피부로 와닿지 않은 탓이었다. 안 좋은 줄 알아도 그 정도는 어쩔 수 없이 먹게 된다고 생각했고, 더 낮은 가격과 편리를 누리려면 마땅히 감수해야 한다고 여겼다. 그때만 해도 '밀가루 음식보다는 쌀을 먹자'거나 '커피를 줄이자'처럼 음식 종류를 제한하는 방식이 건강을 위해 스스로 정한 규칙이었다.

새로운 먹을거리의 세계를 알게 되면서 건강 문제에 경각심을 품게 된 만큼 자책을 느끼는 순간도 늘었다. 더 좋은 식재료를 살 때마다 떠오르는 얼굴들 때문이었다. 한평생 그런 데 무관심하게 살아온 가족들이 눈에 밟히기 시작한 것이다. '나만 이렇게 좋은 걸 먹어도 되나? 나보다는 나이 든 부모님이 건강한 음식을 드셔야 할 텐데······.' 그렇지만 가족 식사를 담당하는 엄마는 넉넉하지 않은 형편과 몸에 밴 알뜰함 때문에 건강한 먹을거리가 무엇인 줄도 모르고 살아왔다. 나는 그런 엄마가 손수 장을 봐 만든 음식을 먹으며 자랐다. 그런 음식이 내 뼈와 살이 됐다.

그런 내가 이제 혼자 국산 유기농 식재료를 먹고 있었다. 가족들하고 함께 살 때 엄마는 내가 먹을 체질 음식에만 좋은 재료를 썼다. 그때마다 마음이 아프고 미안해졌다. 유전자 변형 식품과 식품 첨가물이 미치는 심각성을 알게 되고 먹을거리가 내 몸에 미치는 영향이 얼마나 큰지 직접 느끼고 나니, 가족들이 염려되는 순간도 자연히 더 늘어났다. 그때마다 엄마에게 이야기하지만 내 말이 잘 전달되지 않는 듯하다. 한평생 굳은 생각을 바꾸기는 쉽지 않을 테니까.

나라고 언제나 좋은 식재료만 쓰지는 않는다. 배나 밤은 시장이나 과일 가게에서 살 때가 많은데, 친환경이나 유기농이 붙으면 너무 비싸서 자주 사 먹기가 부담스럽다. 애호박 가격이 한창 오른 요즘은 한 개에 4000원을 넘어서 마트로 발길을 돌리게 된다. 간식으로 즐겨 먹는 약단밤도 대개 중국산이지만 어쩔 수 없이 산다. 이런 식으로 가능한 수준에서 건강한 식재료와 일반 식재료를 섞어서 챙겨 먹는다. 타협하지 않는 몇 가지는 주식인 통밀과 귀리쌀, 그리고 당근과 연근 같은 뿌리채소다. 엄마에게도 다른 식재료는 몰라도 콩과 두부는 꼭 국산으로 사라고 말한다.

그러고 보면 자기 몸을 위해 애쓰는 일도 아무나 할 수 있는 건 아니다. 체질식을 지키는 삶도 어찌 보면 특권인 셈이다. 매일같이 가족이 먹을 식사를 준비하거나 조직 생활을 하는 사람이 식이 조절을 이어 가기는 쉽지 않다. 엄마만 해도 음식 만들면서 간을 보거나 남은 음식을 아깝다고 먹는 습관이 몸에 배어 있으니. 늘 가족을 먼저 챙기다 보면 자기 한 몸을 오롯이 신경 쓰기가 어려울 수밖에 없다. 그래서 체질식에 익숙해질수록 마음 한편이 무겁고 아프다. 그렇지만 이제는 이런 복잡한 마음까지도 내 몫이라는 것을 안다.

세뇌와 번뇌 사이에서

부산국제영화제에서 영화를 한 편 봤다. 무슨 내용인지도 모르고 지인을 따라갔는데, 감독 소개 영상을 보고서 '섭식'을 다룬 영화라는 사실을 알았다. 여기에 세뇌라는 키워드까지 더해진다니 호기심이 일었다. 남들하고 조금 다른 식생활을 기록하기로 마음먹은 뒤부터 '먹는 행위'에 깃든 의미를 두루 생각하는 시간이 늘어난 덕분이었다.

영화는 교실에 둥글게 둘러앉은 교사와 몇몇 학생을 비추며 시작했다. '건강한 식생활'을 주제로 한 수업을 하려고 새로 부임한 교사와 수강 신청을 한 학생들이다. 교사가 수업에서 전하는 요지는 간결했다. 지금처럼 많은 음식을 먹지 않아도 우리는 충분히 건강한 생활을 할 수 있으며, 사실은 더 적게 먹는 생활이 건강에 훨씬 이롭다는 것. 동의할 만한 내용이었다.

수업은 지식 습득을 넘어 식생활 변화에 초점을 맞췄다. 교사는 '의식하며 먹기'라는 식사법을 제안하는데, 자기 앞에 놓인 식재료와 맛을 천천히 음미하며 밥을 먹는 방식이다. 처음에는 낯설다는 이유로 거부감을 느낀 아이들도 차차 새로운 식사법에 적응했다. 다음에는 식사량을 줄여서 몸에 나타나는 변화를 관찰하자고 제안한다. 이 방법은 나름 효과를 본다. 몇몇 아이가 더 가벼운 몸과 더 나은 건강 상태를 경험한 것이다. 그런 모습을 지켜본 다른 아이들도 식사량 줄이기에 관심을 드러내고, 아이들은 교사를 더 신뢰하게 된다. 학생들에게서 적극적으로 지지받은 교사는 점점 극단적으로 나아간다. 아무것도 먹지 않아도 사람은 충분히 잘 살 수 있다고 주장하는 것이다. 자기처럼 음식을 끊은 사람들이 증거라고 하면서.

음식을 먹지 않아도 건강히 살 수 있다는 신념을 굳건히 믿는 사람들이 만든 모임이 영화 제목인 '클럽 제로'다. 이미 교사에게 세뇌된 아이들은 어른들이 말려도 클럽 제로를 선택한다. 그릇된 신념이 개인의 삶을, 미숙한 아이들을 파국으로 몰고 가는 과정을 적나라하게 보여 준 영화다.

내 경험하고 똑같지는 않아도, 상식과 통념을 내려놓고 식생활을 바꾼 경험을 한 사람으로서 공감 가는 대목이 많았다. 처음 식단 조절을 시작할 때 나도 알고 있던 지식과 믿음을 바꾸느라 적잖이 애를 먹었다. 치료 시작 단계부터 거대한 산을 만난 느낌이었다. 늘 먹는 쌀밥을 끊고 소화불량을 일으킨다고 여긴 밀을 주식으로 삼는 일부터 혼란스러웠다. 골고루 다양하게 먹지 않고 내 체질에 맞는 음식만 철저히 선별해서 먹는 방식도, 양약을 끊어야 한다는 말도 낯설었다. 식생활에는 한 치도 타협이 허용되지 않았는데, 체질식 중 일부만 지키거나 한두 끼만 지켜서는 치료할 수 없다고 했다. 많은 것을 바꾸지 않고는 효과를 기대하기 어려운 이 치료 앞에서 나는 갈림길에 섰다. 따라야 할까 말아야 할까. 다른 방법이 없는 나는 이 길을 믿고 따라가 보기로 했다. 그렇게 일상 전반이 변화하기 시작했다. 그때는 몰랐다. 긴 여정에서 맞이할 숱한 혼란의 시간을.

체질 치료가 워낙 낯설어서 처음에는 의문도 들고 의심도 많았다. 내 체질을 제대로 찾았는지(체질 찾는 과정도 너무 어렵고 힘들어서 15번이나 검사한 끝에 확정했다), 비용도 노고도 많이 드는 이 방법이 정말 효과가 있을지 아리송했다. 그렇지만 체질식을 시작하고 얼마 지나지 않아 어느 정도 이 치료를 신뢰할 수밖에 없었다. 몸의 변화가 생생히 느껴진 덕분이었다. 먼저 소화가 잘됐다. 건강이 안 좋아진 뒤 소화 장애가 더 심해지면서 늘 위장약을 달고 살았는데, 식단을 바꾸고 그런 고민이 말끔히 사라졌다. 그동안 밀가루 음식 때문에 소화가 안 된다고 느낀 이유는 나에게 맞지 않는 재료도 함께 먹은 탓이었다. 최대 도정한 국산 통밀만으로 밥을 지어 먹으니 밀가루 음식을 먹을 때하고는 전혀 달랐다. 통증이 나아지는 효과를 보는 데는 더 긴 시간이 걸렸지만, 당장 소화가 잘되는 변화만 해도 놀라웠다. 아, 정말 효과가 있구나. 드디어 내 몸이 더 나아질 수 있는 방법을 찾았구나. 깊이 안도했다.

그렇지만 이미 속세의 맛에 길든 몸으로 체질 식단을 지키는 일은 너무 어려웠다. '내일부터'나 '다음 주부터'를 외치면서 조금씩 규칙을 어겼다. 하루걸러 한 번, 사흘에 한 번, 일주일에 한 번 꼴로 기간을 늘리면서 음식 욕구에 굴복당하는 일이 반복됐다. 한 일주일 잘 지키다가 다른 음식을 먹고 나면 그날을 기점으로 큰물에 둑 무너지듯 일상이 허물어졌다. 다짐과 타협과 반성을, 자책과 또 다른 결의를 무수히 반복했다.

그런 시간이 쌓이다 보니 하루하루가 무력해졌다. 처음에는 한 줄기 희망이던 체질 치료법이 어느 순간부터 부정하고 싶은 무엇이 됐다. 나는 점점 체질식을 의심했다. 이것이 혹시 그 유명한 플라세보 효과가 아닐까? 내가 세뇌당한 걸까? 엄마 말대로 지금까지 아무거나 먹고도 잘 살다가 갑자기 못 먹게 된다니 말이 되나? 예전에는 왜 이런 음식 다 먹고도 안 아팠을까? 체질식을 시작하고 나서 금방 허기지고 소화가 잘된다고 느낀 이유는 입맛을 잃고 너무 적게 먹은 탓이 아닐까? 의문이 꼬리에 꼬리를 물고 이어졌다. 내 몸으로 직접 효과를 본 산증인이라고 주변에 열띠게 말하고도 그런 경험을 부정하느라 연신 에너지를 쏟고 있었다. 체질식이 너무 힘든 탓이었다. 언제까지 계속될지 알 수 없는 이 생활을 이어 갈 자신이 없었다.

그때 나는 정말 그렇게 믿고 싶었다. 그래야 다시 예전처럼 뜨끈한 쌀밥에 김치도 올려 먹고, 된장찌개, 계란말이, 멸치볶음, 짭짤한 조미김과 라면에 달달한 디저트도 먹을 수 있을 테니까. 그래야 가족들이랑 식탁에 둘러앉아 따뜻한 집밥을 먹고, 친구들이랑 식당이나 카페에 가서 맛있는 음식을 먹으며 수다를 떨 수 있을 테니까. 음식 걱정 없이 편하게 여행도 다니고, 여행지에서 맛집을 돌아다니며 소소한 즐거움도 누리고……. 그렇게 보통의 평범한 삶, 남들하고 다르지 않은 삶을 살 수 있을 테니까.

그런 일을 모두 다 하던 때가 몹시 그리워진 나는 한 가지 사실을 까맣게 잊고 있었다. 치료받기 전 나는 '무엇이든 먹을 수는 있지만 통증이 심해 어떤 즐거움이나 만족을 느끼기 어려운 상태'로 하루하루를 지내는 상황이었다. 현실을 직시해야 했다. 원하는 것을 모두 얻을 수는 없는 법이다.

체질 치료에 회의를 느끼며 해이해지자 마땅한 과보가 따라왔다. 몸이 말도 못 하게 안 좋아졌다. 일상생활이 어려울 정도로 괴로운 시간을 겪고 나서야 다시 처음 자리로 돌아왔다. 새로 시작했다. 안도와 감사, 의심과 회의, 불만과 한탄 사이를 부지런히 오가며 지금에 이르렀다. 그렇지만 방심은 이르다. 여전히 나는 긴 여정의 한가운데에 있을 뿐이다.

별 기대 없이 보러 간 영화 한 편 덕분에 내 체질식 여정을 돌아봤다. 영화를 보고 나오면서 생각했다. '내가 효과를 보거나 옳다고 여기는 방법은 그저 나에게만 적용해야겠구나. 누군가를 설득하려 드는 순간 여러 문제가 생기겠구나.' 치료를 시작하고 가족부터 시작해서 주변 사람들에게 체질식을 열심히 홍보하고 설득하던 내가 떠올라 웃음이 났다. 그때 나는 한의원 원장보다 더 적극적으로 체질식이 지닌 가치를 알렸다. '이 좋은 걸 왜 모르지' 하는 안타까운 마음으로 발을 동동거린 내 모습이 영화 속 교사에 겹쳐 보였다. 이제 건강 문제로 고민하는 가까운 이들을 볼 때면 내 안에서 불쑥불쑥 샘솟는 어떤 의욕을 잠재우려 노력한다. 넌지시, 살짝, 그저 이야기만 하기로 마음을 다잡는다. 나는 이런 방법으로 효과를 봤다고. 딱 거기까지 하기로 말이다.

비싸지 않은 풍요로움

몇 년 전 마을 사람들을 인터뷰할 때였다. 아이쿱푸른바다 생협에서 20년 넘게 일하다가 이사장직 임기를 끝으로 퇴직한 분하고 마주 앉아 살아온 이야기를 들었다. 그분은 생협을 알게 된 뒤 장을 보러 갈 때마다 마트와 생협으로 향하는 두 갈래 길 앞에서 늘 망설였다. 아토피가 심한 아이 때문에 건강한 먹을거리에 관심이 컸지만, 그리 넉넉하지 않은 형편 때문에 고민이 된 탓이었다. 생협 조합원이 되고 나서 비슷한 감정을 느낀 적이 있어서 나도 그런 현실적인 고민에 깊이 공감할 수밖에 없었다.

몇 해 전 건강 문제로 식이 조절을 시작하면서 유기농 식품에 관심을 두게 됐고, 자연스레 집 근처 생협에 가입했다. 그때부터 매달 조합비를 내면서 조금 더 싼 조합원가로 물품을 산다. 그래도 가격은 늘 부담이다. 다른 곳하고 가격 차이가 안 나는 물품도 있지만 가격표를 한참 들여다보며 망설이게 하는 물품도 적지 않다. 한번은 장을 보러 온 중년 부부가 생협 맛살이 비싸다면서 만지작거리다 도로 내려놓는 모습을 보며 동질감을 느꼈다. 가끔 좋아하는 사람들에게 대접하려고 김밥을 쌀 때가 있는데, 속 재료를 하나씩 담다 보면 가격 때문에 마음이 흔들린다. 그 가격이면 김밥집에서 사 먹는 편이 훨씬 경제적이라는 생각이 들어서 그렇다.

이런 이유로 가장 고민 없이 고르는 식재료는 콩나물과 버섯이다. 한 봉지에 1100원인 유기농 콩나물은 갈 때마다 두 봉지씩 사고, 1600원짜리 만가닥버섯과 2000원대인 새송이버섯도 빼놓지 않는다. 표고버섯이나 양송이버섯은 가격대가 있어서 정말 먹고 싶을 때만 사는 편이다. 다른 것은 몰라도 뿌리채소는 유기농이 좋다고, 농약이나 제초제가 뿌리에 다 흡수된다고 들은 적이 있다. 그런데도 형편이 넉넉하지 않을 때는 시장에 가 연근이나 당근, 무를 산다. 초여름에 반짝 나오는 살구도 마음껏 먹으려면 시장이나 좌판에서 살 수밖에 없다.

조합원이 되기 전에는 생협은 그저 비싼 곳, 어느 정도 경제적 형편이 되는 사람들이나 가는 곳, 그래서 나하고는 별 상관이 없는 곳이었다. 그때만 해도 먹는 데 돈을 많이 쓰는 사람이 유별나게 보였다. 특별히 더 맛있거나 양이 많지도 않은데 단지 건강한 식재료라는 이유로 비싼 값을 치르는 행동을 쉽게 이해할 수 없었다. 물건은 한 번 사면 계속 쓰지만 음식은 먹고 나면 사라지니까 나한테 음식은 그저 소비재일 뿐이었다. 가성비를 따지지 않고 굳이 좋은 식재료를 찾아 먹으려는 사람들을 보면서 '얼마나 건강하게 살려고……' 하는 생각도 은근히 했다. 그렇지만 섭식에 문제가 생기고 몸과 음식에 관한 생각이 달라지면서, 그런 계산이 당장 손익만을 따지는 지나치게 자본주의적인 논리라는 사실을 깨닫게 됐다.

얼마 전 농사짓는 이웃을 만나 차담을 나누는데 그분이 서울에서 유기농 농산물 장터에 다녀온 일화를 들려줬다. 좋은 물건이 많아서 이것저것 고르다가 사과를 살 때 자기도 모르게 좀 깎아 달라고 했다. 그때 판매자가 이렇게 말했다. "이거 제가 씨앗부터 키운 건데……." 그분은 집에 돌아와서도 그 말이 마음에 남아 오래도록 사라지지 않더라고 했다. 직접 농사를 지어 본 분이라 모종 대신 씨앗을 심어 기르는 방식이 얼마나 손이 많이 가는 일인지 잘 알고 있기 때문이었다. 그날 나눈 대화가 내 마음에도 오래 남았다. 돌아보니 나는 건강한 식재료를 먹는 데만 신경 썼지, 그 작물을 키우느라 농부들이 얼마나 애를 쓰는지는 따로 헤아린 적이 없었다. 내가 애용하는 유기농 식품 사이트에도 가격이 불만이라는 후기들이 종종 올라온다. 싱싱하고 맛도 좋은데 가격이 너무 비싸다고.

사람들은 물건을 살 때 자기 나름의 계산을 한다. 무엇이 나에게 더 이익인지를 꼼꼼히 따진다. 흔히 말하는 '가성비 좋은 소비'를 하면 만족감도 높아진다. 나도 오랫동안 품질 좋은 제품을 더 싸고 편리한 방식으로 사는 행위가 똑똑한 소비라고 여겼다. 그렇지만 식재료를 단지 상품으로 바라보지 않게 되면서 단순히 가성비로 계산되지 않는 귀한 가치가 있다는 것을 알게 됐다. 가성비와 편리만 추구하면 내 식탁에 오를 때까지 식재료에 깃든 무수한 정성과 노고를 놓치고 만다. 가성비를 따지는 순간, 우리는 세상을 서로 이어진 유기체가 아니라 삭막하게 단절된 이해타산 공간으로 보게 된다.

생협은 그런 계산법하고는 다른 원리로 돌아가는 곳이다. 단순히 비싸거나 싸다는 셈법을 넘어선 영역이라고 할까. 생협에서 장을 볼 때면 우리가 연결되고 이어지고 연루돼 있다는 사실을 끊임없이 자각하게 된다. 자본주의적 계산 논리로 따지자면 생협에서 파는 식료품은 비싸다. 그렇지만 과연 그 가격이 정말 비싼지 생각해 보면 꼭 그렇지는 않다. 거기에는 제값을 치러야 할 요소들이 정당하고 세심하게 담겨 있기 때문이다. 농부의 정성과 자연에 치르는 품삯 덕분에 나는 그저 소비자가 아니라 그 노고에 정직하게 응답하는 사람이 된다.

그러니까 생협은 그 작은 가게를 단지 매매와 교환이 오가는 공간이 아니라 소통과 순환이 일어나는 장소로 만든다. 사고파는 행위로 관계가 끝나지 않고 서로 위하며 돕고 보살피는 연대의 고리 속에서 생명이 연합하고 있다는 사실을 체감하게 한다. 당장 눈에 보이지는 않지만, 내 몸에도 더 좋고, 땅을 덜 오염시키고, 벌레들한테 해도 안 끼친다. 그렇게 보면 생협이 매긴 가격은 가격으로 치환되지 않는 생명의 값어치를 알리는 호소처럼 여겨진다.

한평생 건강한 먹을거리라는 말을 모르고 산 엄마는 겉으로 보면 다 똑같아 보이는 식재료를 굳이 더 비싸게 사는 이유를 납득하지 못한다. 조금이라도 싸거나 양이 많아야 알뜰한 소비라고 여긴다. 그런 엄마를 단번에 설득하기는 쉽지 않을 듯하다. 나도 생각이 이렇게 바뀔 때까지 긴 시간이 필요했다. 지금도 형편에 따라서는 생협과 마트를 오가며 이중생활을 한다. 그러나 이제는 싸거나 비싸다는 셈법 너머에 또 다른 세계가 있다는 사실을 안다.

얼마 전부터 나처럼 식이 조절을 하기 시작한 엄마는 이제 유기농 청상추를 사고 농약 친 청포도를 꼼꼼히 씻는다. 엄마가 가난한 살림살이에 주눅 들지 않고 진정으로 값진 것들을 더 자주 만나면 좋겠다. 평생을 정직한 노동으로 살아오고 나를 사랑으로 키운 엄마가 모를 리 없다. 내 몸에 이로운 것은 세상에도 이롭다는 사실을. 다만 제값을 치르는 정직한 생활을 하려면 우리에게는 남다른 용기가 필요하다. 나는 포기하지 않고 엄마랑 함께 그 용기를 키우고 싶다.

먹방과 상상의 맛

식단 조절을 시작하면서 전에 없던 새로운 취미가 생겼다. '먹방' 영상 보기다. 현실에서 충족되지 않는 욕구를 영상으로 해소하려는 심리랄까? 어떤 이들은 먹방 시청이 오히려 식욕을 더 자극하지 않느냐며 의아해한다. 못 먹는 괴로움이 커지지 않느냐고 묻는 사람도 있다. 아예 아니라고 할 수는 없지만, 그래도 대리 만족을 하는 기쁨이 더 크기 때문에 이 재미를 내려놓지 못하고 있다. 그림의 떡일지라도 맛있게 먹는 모습을 보면 속이 뻥 뚫리듯 시원해진다. 내 식생활에 이런저런 아이디어나 영감을 얻을 때도 있다.

먹방을 볼 때면 보통 내가 아는 맛을 상상하는데, 요즘은 그러기가 좀 어렵다. 영상에 나오는 음식 중에 먹은 적 없는, 모르는 맛이 제법 있기 때문이다. 그때마다 맛이라도 한번 보고 싶은 궁금증에 애가 탄다. 마라탕, 탕후루, 소금빵, 크로플, 카이막, 휘낭시에, 버터바, 치즈볼, 중국당면, 분모자, 뉴진면, 두바이 초콜릿을 비롯한 피스타치오 디저트들……. 대체 무슨 맛일까? 식이 조절을 하기 전에는 유행하지 않은 음식들이다.

'마라탕후루'라는 신조어가 생길 정도로 국민 음식이

된 마라탕과 탕후루는 특히 더 궁금하다. 탕후루는 비슷한 음식을 먹은 적이 있지만, 과즙 때문에 극찬하는 블랙사파이어나 샤인머스캣, 귤로 만든 탕후루는 한 번쯤 꼭 먹고 싶다. 마라탕은 상상하면 짬뽕 맛에 가까울 듯한데, 주변 사람들에 따르면 짬뽕하고는 확실히 다르다고 한다. 우유 속 지방을 굳혀 크림처럼 만든 카이막도 도저히 상상이 안 되는 맛이다. 빵에 발라서 꿀이랑 함께 먹는다는데, 파는 곳마다 맛도 제각각이라 한때 '카이막 맛집 찾기'가 먹방 채널에서 유행처럼 번진 적도 있다. 담백하면서도 '단짠'이 어우러져 묘한 중독성을 불러일으킨다는 소금빵도 몹시 궁금하다. 소금빵은 빵 밑바닥에 있는 버터와 빵 안에 생긴 동굴로 맛집을 가늠한다고들 한다. '맛잘알'이라 불리는 맛 고수들이 전하는 소금빵 감별법이다. 요새 디저트로 다시 유행하는 약과도 유명한 집들을 하나하나 맛보고 싶고, 사람들이 미친 조합이라고 극찬하는 약과와 우유 아이스크림을 함께 먹고 싶은 마음도 굴뚝같다. 동그란 빵 안에 모차렐라치즈나 크림치즈를 넣어 치킨 사이드 메뉴로 파는 치즈볼은 그렇게 구미를 당기지는 않지만, 영상에서 여러 번 보다 보니 대체 어떤 맛일까 궁금하기는 하다.

 가끔 꿈에서 평소 먹고 싶은 음식을 먹을 때가 있다. 꿈속에서도 맛이 생생히 느껴져서 깨고 나서도 기분이 묘하다. 진짜 먹은 느낌이 들어서 그렇다. 신기하게도 먹은 적 없는 음식은 꿈에도 나오지 않는다. 꿈속이더라도 맛은 보고 싶은데, 불가능한 일인가 보다. 아, 그런 적은 있다. 한 번도 안 먹어 본 샤인머스캣 찹쌀떡을 꿈에서 맛본 것이다. 이미 맛을 아는 두 가지가 섞인 음식은 제 나름대로 뇌가 맛을 구현할 수 있구나 싶었다.

예전에는 아는 맛을 떠올리는 재미로 먹방을 봤다면, 언제부터 미지의 맛을 상상하는 재미가 더해졌다. 내가 먹지는 못해도 무슨 맛일까 골똘히 상상하는 그 시간이 나름대로 즐겁다. 언제인가 맛보고 싶은 바람도 있지만, 한편으로는 영영 모르는 채로 살아도 괜찮을 듯하다. 그런 의미에서 내가 알지 못하는 미지의 맛은 곧 무한히 새로운 맛이기도 하다. 오직 상상만으로 채울 수 있는, 무엇하고도 닮지 않은 그런 맛. 소설을 읽을 때 장면 장면을 머릿속으로 그리듯이 나는 내 나름의 데이터로 엇비슷한 맛을 상상하면서 영상을 본다.

먹방을 통해 생각지 못한 새로운 맛 조합을 구경하는 일도 즐겁다. 먹는 일을 삶의 기쁨으로 삼는 사람들은 똑같은 음식도 최대한 맛있게 먹으려 노력하는데, 그런 노력이 적지 않은 영감을 준다. 이를테면 어느 쿠키는 얼려 먹으면 맛있고, 이 과자는 에어프라이어에 돌려야 식감이 살아나고, 어떤 디저트는 아이스크림이나 연유를 곁들여 먹을 때 맛이 더 좋아진다고 한다. 홈런볼이나 마가레트를 에어프라이어에 돌리면 훨씬 맛있다는 말을 듣고 난 어느 날 두부를 얇게 잘라 에어프라이어에 돌렸다. 쫄깃한 식감이 새로웠다.

　나도 주어진 식재료 안에서 새로운 시도를 해 봐야겠다고 생각한 뒤, 한날은 집에서 자주 만드는 콩물에 삶은 밤을 조금 넣었다. 밤이 지닌 꾸덕꾸덕한 식감과 단맛이 어우러진 '밤콩물'은 그냥 콩물하고는 맛이 조금 달랐다. 크림 파스타 느낌으로 콩물 파스타를 만들었고, 오일파스타를 따라서 홍화씨기름 파스타도 해 봤다. 기름에 소금이나 된장을 넣고 만든 파스타가 생각보다 맛이 좋아서 한참 자주 해 먹었다. 이렇게 먹방을 참고해서 한 번도 생각한 적 없거나 어울리지 않을 듯한 조합에도 도전한다. 먹을 수 있는 음식이 한정된 내게 먹방 영상은 새롭고 다양한 음식을 만나는 또 다른 통로인 셈이다.

　먹방이라면 으레 많이 먹고, 빨리 먹고, 특이한 음식을 먹는 정도인 줄 알았는데, 자세히 들여다보니 이 세계도 아주 다채로웠다. 예전에는 눈살을 찌푸리던 도전 먹방 영상도 요즘은 조금 다른 시각으로 보고 있다. 맛이 주는 쾌락을 좇는 차원을 넘어 자기 자신을 상대로 하는 진지한 대결이라는 느낌이 들기 때문이다. 자기 한계를 뛰어넘으려 치열하게 연구하고, 노력하고, 연습하는 모습을 보면서 먹방이 만만하고 단순한 일이 아니라고 생각했다. 내가 다 알지 못하는 '먹는 일을 업으로 삼은 자들의 고충'을 헤아리게 된다고 할까. 체질식을 계기로 관심을 쏟게 된 먹방 채널에서 어느덧 예상치 못한 즐거움과 배움을 얻는다. 예전에는 먹방 영상에 빠져 있는 모습이 마음에 들지 않아서 나 자신을 한심하게 여기기도 했는데, 이제 나만의 취미로 존중하고 있다.

재미난 맛

수업 시간에 한 아이가 추억의 간식 아폴로를 가져왔다. 자기들끼리 어떻게 나눠 먹자고 수다를 떨면서 연신 웃는다. 눈에 익은 포장지를 보자마자 잊고 지낸 정다운 맛이 되살아나서 나도 덩달아 웃게 됐다. 한때 문방구 좀 다닌 적 있다 싶은 아이라면 꽤나 익숙할 불량 식품! 분홍색, 하늘색, 연두색 아폴로를 하나씩 쥐고 이빨로 잘근잘근 씹어 먹은 기억이 새록새록 떠올라 금세 그 시절로 돌아간 듯 즐거워졌다. 먹는 법도 식감도 묘하게 중독성이 있어서 한 봉지를 금세 비웠는데. 저게 아직도 있다니 반가운 마음에 지금은 얼마냐고 물어보니 600원이란다. 그때보다 봉지도 조금 커지고 양도 많아졌다. 백 원 주고 사 먹은 시절이 20년도 더 전이니 이만하면 합리적인 가격이다 싶다가도 어쩔 수 없이 아쉽기는 했다. 더도 말고 덜도 말고 딱 '백 원'이 주는 느낌이 사라져서 그렇겠지.

어릴 때는 오백 원짜리 동전 하나 들고 문방구에 가면 불량 식품을 다섯 개나 살 수 있었다. 그래서 가격 때문에 뭘 살까 고민한 기억이 거의 없다. 취향에 맞게 원하는 물건을 고를 수 있어서 자유로웠고, 친구에게 선심 쓰거나 얻어먹어도 큰 부담이 없어서 편안했다. 적은 돈으로 당당한 소비자가 될 수 있던 문방구는 어린이들에게 해방구나 같았다. 엄마가 정성껏 차린 집밥이나 집에서 먹는 더 건강한 간식이 있는데도 분식집에서 파는 값싼 튀김오뎅과 떡볶이, 문방구에서 파는 불량 식품을 결코 포기할 수 없었다. 집 밖에서 누리는 일탈의 맛이 주는 즐거움 때문이었다.

유년을 추억할 때 값싸고 불량스러운 맛을 빼놓을 수 없다. 맥주맛 사탕, 아폴로, 테이프, 밭두렁, 꾀돌이, 쫀쪼니, 씨씨, 햄버거젤리……. 즐겨 먹은 여러 불량 식품 중에서도 하나씩 구멍을 뚫어 빼서 먹는 씨씨는 먹어도 먹어도 양이 쉬이 줄지 않아서 가성비가 최고였다. 뽀스락뽀스락 소리를 내면서 주머니에 넣어 다니고, 손에 들고 다니고, 친구에게 나눠 주면서 먹은 즐겁고 여유로운 맛. 어른이 된 뒤에는 '몸에도 안 좋고 대단한 맛도 아닌데 왜 그렇게 열심히 사 먹었을까' 하고 의아한 적도 많았지만, 실은 나도 잘 알고 있었다. 그리 대단한 맛이 아니어서 자꾸 더 손이 갔고. 심심한 입을 달래기에는 그것만큼 맞춤한 간식이 없었다는 걸. 더구나 그 시절에는 몸에 안 좋다거나 조금만 먹으라고 말하는 어른도 드물어 거리낌 없이 불량한 세계를 누릴 수 있었다.

그런 모든 기억과 감정이 불량 식품 안에 고스란히 담겨 있다. 소소한 즐거움, 자유로움, 당당함, 편안함, 너그러워지는 마음, 그리고 재미! 이름은 불량 식품일지언정 먹을 때는 한 번도 불량하다고 생각한 적 없는 무해한 간식. 어린 시절을 함께한 친숙한 맛들을 떠올리자 왠지 모르게 기분이 좋아졌다.

이제는 그런 간식을 먹는다고 생각하면 이상하고 어색하다. 언제부터 나는 그 불량한 맛에서 멀어졌을까? 정확하지는 않아도 불량 식품이 몸에 해롭다는 사실을 알게 된 순간 같다. 더 건강하고 맛있는 간식이 많아서 굳이 찾아 먹을 이유가 없어진 것이다. 불량 식품을 즐겨 먹던 시절이 철없이 느껴진 즈음이었다. 길 가다 값싼 음식을 먹는 아이들을 보면 은근히 마음이 쓰였다. '몸에 안 좋은데. 많이 먹으면 안 되는데.' 그런데 어느 날에는 이런 생각도 들었다. '나도 저렇게 자라지 않았나? 아무런 걱정 없이, 그저 깔깔 웃으며 즐겁게 먹을 수 있는 자유도 저 때만 누릴 수 있는 특권 아닐까?' 그러니 조금 더 가볍고 너그러운 시선으로 봐도 괜찮을 것이다. 불량 식품을 그저 해롭고 나쁜 음식으로 단정 지으면 거기에 담긴 많은 이야기가 너무 납작해진다. 해로운 줄도 모르고 먹은 그 음식들도 뼈와 살이 됐고, 나는 별다른 문제 없이 어른이 됐다. 그 음식들이 내 몸에 한 작용을 구체적으로 알기는 어렵지만, 적어도 내 정서에는 좋은 영양분을 줬다.

몸이 아프고 나서 그동안 건강하지 않은 음식을 많이 먹은 나를 자주 원망했다. 아무렇지 않게 먹은 이런저런 음식이 다 불량 식품이나 다름없다고 여겨졌다. 그런 음식이

차곡차곡 쌓여 취약한 몸을 만든 것이라는 생각이 들었다. 몸으로 호되게 앓고 나니 나뿐 아니라 주변 사람을 바라보는 시선에도 변화가 생겼다. 불량 식품 먹는 아이들을 볼 때 느끼던 감정을 이제는 일반식을 하는 많은 사람을 보며 느끼게 된 것이다. 우리가 건강식이라고 여기는 음식이 모든 사람에게 이롭지는 않은데, 어떤 이한테 약인 음식이 어떤 이한테는 독일지 모르는데……. 특히 몸 어디가 안 좋은 사람이나 내가 사랑하는 사람을 볼 때면 염려하는 마음이 더 커졌다. "안 돼! 먹지 마!" 열심히 말리고 싶은 마음이 시도 때도 없이 치솟았다.

이제는 그런 마음이 불쑥불쑥 올라와도 조금 더 능숙하게 다룰 수 있게 된 듯하다. 무엇을 옳다고 여기는 강한 신념이 시야를 좁게 만든다는 사실, 완벽한 정답이란 없다는 사실을 알게 된 덕분이다. 나에게 독이 되는 음식이 남에게 이만큼 해롭지는 않다. 체질만큼이나 음식을 흡수하고 소화하고 해독하는 기능도 저마다 다르다. 사람마다, 시기와 상황마다 몸은 다르고, 계속 달라진다. 한때는 어떤 음식을 먹어도 괜찮던 내 몸이 시간이 지나며 바뀌었듯이. 그러니 내 경험을 일반화할 수는 없다.

뭔가를 잘 알게 되는 일이 꼭 좋지는 않다는 생각을 종종 한다. 어른이 되면서 예전에 알던 어떤 맛이나 즐거움을 잃게 되는 이유는 너무 많이 알게 된 때문인지도 모르겠다. 적당히 모른 채 살아간다면, 미래를 향한 걱정과 염려를 덜 수 있다면, 좀더 단순하게 지금을 즐길 수도 있을 텐데. 아폴로 나눠 먹는 데 몰입하는 아이들을 보면서 그런 생각을 했다.

이제는 이것저것 먹고 싶은 대로 먹고 즐긴 어린 시절을 안타까운 마음으로 바라보지 않는다. 백 원짜리 하나로 마음껏 즐겁고 행복할 수 있는 시절을 보내 다행이라 여긴다. 다른 무엇으로 대체할 수 없는, 오직 그 시절, 그 순간만의 고유한 맛과 추억이니까. 그런 시절 덕분에 지금도 그 기억을 되새기며 살 수 있으니까.

세상에는 여러 가지 맛이 있다. 건강하고 무해한 맛만으로 우리 삶을 채울 수는 없다. 철저하게 식단을 조절하는 나도 마찬가지다. 때로는 아픈 몸을 각오하더라도 먹고 싶은 음식을 먹을 것이다. 나에게도 그런 일탈은 필요하니까. 사람들하고 같은 음식을 나누는 충만한 기분도 누릴 것이다. 그런 순간이 사는 재미니까. 그런 순간이 오면 나는 독을 삼키는 마음이 아니라 즐거움을 먹는 마음으로, 기쁘고 단순하게 먹을 테다. 뒤에 올 일은 잠시 잊고.

음식 냄새가 불러일으키는 것들

밥때가 되면 주방 환풍구나 창문으로 갓 지은 밥이나 찌개, 반찬 냄새가 솔솔 들어온다. 혼자 사는 어르신이 많은 아파트라 대개 조용하지만, 식사 때마다 은근하게 풍기는 집밥 냄새에서 복작복작 사람 사는 분위기를 느낀다. 출처가 불분명하게 뒤섞인 그 따끈한 냄새로 서로 존재감을 확인한다고 할까. 특히 생선 냄새를 자주 맡는다. 고등어구이나 갈치구이, 생선과 무를 넣고 조린 칼칼한 양념 냄새가 날 때마다 옆집과 윗집에 혼자 사는 할머니들을 떠올리며 생각한다. '어르신들은 생선을 즐겨 드시는구나.'

아파트 입구나 복도에서는 좀더 다채로운 음식 냄새를 맡을 수 있다. 계란말이나 멸치볶음 같은 평범한 반찬부터 입맛 다시게 하는 육수나 양념 냄새까지, 집집이 다른 음식 냄새와 달그락달그락 소리가 함께 흘러나올 때면 정다운 마음에 나도 덩달아 들뜬 기분이 된다. 금세 입에 군침이 돌면서 허기가 진다. 혼자 사는데다 식단마저 제한된 내게 밥 냄새는 애틋한 향수를 불러일으키는 자극제다.

마을 책 읽기 활동가로 참여하면서 해마다 한두 주 정도 동네 초등학교에 들른다. 작년 여름에는 내가 졸업한 초등학교에 처음으로 갔는데, 십몇 년 만에 모교에 들어선 나를 반긴 것도 바로 밥 냄새였다. 여러 기억이 되살아나면서 코끝이 찡했다.

맞아, 그때도 꼭 이랬는데! 오전부터 급식실에서 풍긴 음식 냄새는 점심시간 무렵까지 학교 곳곳으로 퍼져 나갔다. 그러면 수업 중 괜히 숨을 크게 들이쉬면서 점심 메뉴를 맞히거나 교실 벽에 붙은 시계를 자꾸 쳐다봤다. '얼른 와라, 얼른 와라' 하고 바란 시간이 어느 때는 마냥 피하고 싶은 순간이 되기도 했다. 내가 못 먹는 고기반찬이 나오는 날이었다. 그런 날은 잔반 검사를 통과할 일이 아득해져서 점심시간이 영영 오지 않기를 바랐다. 그래도 어김없이 수업 끝나는 종은 울렸고, 움츠러든 내 마음하고 다르게 교실은 금세 소란스러워졌다.

그날도 4교시 끝나는 종이 울리자 짝을 지어 급식차를 끌고 가는 당번들, 배식을 준비하는 아이들, 삼삼오오 모여 장난치는 아이들로 온 학교가 북적이기 시작했다. 그런 활기를 마주하자 내 안의 뭔가가 깨어나는 기분이었다. 그 시절에만 느낄 수 있던 어떤 감각이 되살아난다고 할까. 나도 그 틈에 끼어서 조잘조잘 수다를 떨며 밥을 먹는 상상을 했다. 다시 돌아갈 수 없어서 아쉽다기보다는 잠시나마 그 시간에 접속할 수 있어서 기쁜 마음이 더 컸다. 내 앞에 있는 이 아이들은 나중에 지금 이 점심시간을 어떻게 기억할까. 중앙 현관을 들어서자마자 익숙하게 맞아 준 커다란 거울, 여전히 똑같은 복도 바닥과 교실 창문, 익숙한 영어 교실과 시청각실, 그리고 밥 냄새. 변한 것들 사이에서 여전히 그대로 있는 것들이 기억과 감정을 건드렸다. 그 뒤 학교나 교회 건물에서 갓 지은 밥 냄새가 날 때마다 정겹고 반가운 마음에 잠시나마 웃는다. 사람 사는 냄새, 추억을 환기하는 냄새, 반갑고 따뜻한 냄새다.

우리는 종종 추억이 담긴 맛으로 한 시절을 떠올린다. 다시 돌아갈 수는 없어도 음식으로 시간 여행을 한다. 체질식을 시작한 뒤 이제 먹지 못하는 음식 냄새를 맡으면서 그런 기분에 빠질 때가 많다. 평범한 음식도 추억의 음식이 된 탓이다. 라면, 겉절이, 나물무침, 일미볶음, 꽈리고추볶음 같은 평범한 음식 냄새를 맡을 때마다 가슴 한편이 조금 아릿하고 욱신댄다. 국수 육수나 김밥 냄새, 파전 냄새, 고소한 빵 냄새와 향긋한 커피 향도 그렇다. 내 눈앞에 있지만 이제는 나하고 상관없는 음식을 바라볼 때마다 말로 설명하기 어려운 미묘한 기분이 든다.

예전에는 음식 냄새를 맡아야 하는 상황이 그저 고역이었다. 그래서 내가 먹을 수 없는 음식으로 둘러싸인 자리는 되도록 피하고 봤다. 그런 유혹에 무뎌질 만큼 단단하지 못해서 더 그랬다. 그런데 가족들하고 함께 사는 집에서는 그럴 수 없었다. 때때로 풍기는 밥 냄새, 식탁과 냉장고에서 날마다 보는 먹을거리들 때문에 늘 신경이 곤두섰다. 집이 더는 편안한 휴식 공간이 아니라 끊임없는 유혹에 맞서

나를 지켜야 하는 전장이 됐다. 그래서 독립한 뒤에 집밥 냄새를 더는 맡지 않아도 된다는 점이 무엇보다 좋았다.

어느 정도 체질식에 적응하고 혼자 산 기간이 제법 쌓인 지금은 밥 냄새에서 조금 다른 것을 느낀다. 슬프고 아쉽고 속상한 감정이 아니라, 즐겁고 감사한 마음이다. 맛보지 못해도 냄새나마 맡을 수 있으니 얼마나 다행인가 싶다. 냄새를 맡는 일은 내 몸에 아무런 해가 없고 돈도 들지 않으니 오히려 더 자유롭다는 생각도 든다. 한때 나도 그 음식을 먹은 적이 있고 냄새 하나로 어떤 기억을 떠올리면서 잠시나마 즐거울 수 있다는 사실이 소중하게 느껴진다. 체질식을 하면서 혀로 맛보기만이 음식을 경험하는 유일한 방법이 아니라는 사실을 알게 됐다. 냄새로 그 음식의 고유한 맛과 다채로운 기분을 느낄 수도 있다. 냄새 때문에 괴로운 시절도 있었지만, 어느덧 냄새 덕분에 즐거운 순간을 맞이했다. 이런 변화 또한 흥미롭다.

싱그러운 풀 냄새에 기분이 맑아지고, 계절마다 달라지는 냄새에 마음이 몽글몽글해지듯이 우리는 잠깐 스쳐 지나가는 냄새에서 많은 감정과 기분을 느낀다. 코로나가 한창이던 때 인적 없는 거리에서 마스크를 살짝 내리고 상쾌한 공기를 마시면서 '아, 상쾌하다. 아, 맛있다!' 하고 읊조린 순간을 기억한다. 그 숨 한 번이 한여름 아메리카노 한 모금처럼 시원했다.

이제 나는 맛있는 음식을 한입 먹듯 큰 숨을 들이쉬면

서 음식과 세상을 만나고 교감한다. 커다란 숨 하나에 커다란 한입이 내 안에 들어오듯 말이다.

달달한 기억의 맛

초등학교 때 선생님은 종종 빨간 뚜껑 달린 커다란 플라스틱 통을 열어 아이들에게 사탕을 나눠 주셨다. 우리가 말을 잘 듣거나 선생님 기분이 좋은 날에만 열리는 달콤한 선물 통이었다. 고작 사탕 한 알을 받는 순간이지만 얼마나 들뜨고 신나는지 몰랐다. 사탕을 입에 쏙 넣고 오물오물 굴리면 입안에 단맛이 돌면서 온몸에 잔잔한 즐거움이 퍼졌다. 심심한 입을 달래는 일 못지않게 수업 시간에 뭘 먹는 행위 자체가 작은 쾌감을 준 듯하다. 집에서 먹을 때보다 언제나 더 맛있던 기억을 떠올리면 말이다. 사탕은 볼 양쪽으로 옮기면서 녹이다가 크기가 작아지면 와그작와그작 씹어 먹었는데, 마지막에는 꼭 치아에 눌어붙은 사탕 조각을 음미하며 여운을 달랬다. 청포도, 자두, 커피, 아몬드, 누룽지 등 다채롭게 달달한 맛들이 입안에 잠시 머물다 가면 왠지 활력이 생기고 기분이 밝아졌다.

하굣길에는 교문 근처에 조그마한 좌판을 벌인 '쪽자 아저씨'에게 향했다. 쪽자는 집에서 쓰는 국자보다 작은 국자를 가리키는데, 그때 우리는 '달고나'를 '쪽자'라고 불렀다. 그곳에는 달고나 사 먹는 아이, 심혈을 기울여 달고

나 모양을 조각하는 아이, 구경하는 아이들이 뒤섞여 있었고, 웃음과 탄식과 수다가 모여 생기가 넘쳤다. 다들 달고나를 부서지지 않게 조각하는 데 관심을 기울였지만, 생각보다 어려워서 성공하는 아이는 드물었다. 도전자가 조심조심 조각하던 달고나가 툭 부서지면 구경꾼들 입에서도 조그만 탄식이 흘러나왔다. 아쉬운 마음은 달달한 맛으로 금방 달랠 수 있었다. 완성된 달고나를 조심스레 들고 가는 일만큼이나 금이 가서 부서진 달고나를 경쾌하게 씹어 먹는 일도 즐겁기 때문이었다. 앞 사람이 일어서면 다른 아이가 얼른 자리에 앉아 도전을 이어 가던 풍경도, 근처를 서성이다가 어슬렁어슬렁 집으로 돌아가던 발걸음도 생생히 떠오른다.

심심하던 어느 주말에는 오빠하고 함께 엄마를 졸라 쪽자를 만들어 먹겠다고 소동을 피우기도 했다. 까치발을 하고 가스레인지 불 앞에서 국자를 달구는 순간이 어찌나 설레던지. 설탕이 적당히 녹을 즈음 베이킹소다를 넣으면 쪽자가 점점 부풀어 올랐는데, 양 조절이 어려워 곧잘 국자 바깥으로 흘러넘쳤다. 그때마다 소리 지르며 우왕좌왕한 기억이 난다. 어느 날에는 국자를 새카맣게 태웠고, 어느 때는 그럴듯하게 완성된 달고나를 보며 환호하기도 했다. 그런 기억들 때문인지 어른이 돼서도 달고나만 보면 괜히 웃음이 난다. 별것 없는 군것질거리이지만 달고나에는 고유한 맛과 추억이 담겨 있다.

교실에서 받은 사탕 한 알을 소중히 아껴 먹고, 참새가 방앗간 들르듯 쪽자 좌판과 학교 근처 문구점을 들락거리던 꼬마는 중고등학생 때에는 학교 안 매점이나 분식집에서 군것질하며 달달한 맛을 즐겼다. 단맛을 향한 애정은 어른이 된 뒤에도 달라지지 않아서 가방이나 주머니에는 초콜릿이나 캐러멜, 사탕 같은 간식이 언제나 함께했다. 배가 출출하거나 당이 떨어질 때면 달달한 친구들을 야금야금 꺼내 먹었고, 그럼 금세 힘이 나고 기분이 좋아졌다. 한때 유행한 생과일주스 집 '쥬시'에서 내 단골 메뉴는 언제나 초코바나나였다. 카페에서는 언제나 시럽을 세 번 반 추가한 바닐라라테를 마셨다. 달달한 음료를 한 모금 마시면 갑자기 뭐든 할 수 있을 듯한 마음이 되기도 했다. 여름이면 포도나 자두처럼 신맛 나는 과일보다 달달하고 시원한 수박을 좋아했고, 가을에는 홍시나 곶감을 천천히 아껴 먹으면서 행복해했다. 겨울에는 길거리에서 사 먹는 붕어빵과 국화빵이 계절을 지나는 즐거움이었다.

내 지론은 '사람은 단 힘으로 산다'였다. 사람은 밥심만큼 단맛이 주는 힘으로 살기도 하는 법이다. 단맛에는 사람을 조금 더 너그럽고 편안하게 만드는 힘이 있다고 믿는다. 뾰족하던 마음이 조금 둥글어지고, 쫓기던 마음이 잠시나마 느긋해진다고 할까.

얼마 전 읽은 소설 《오, 보이!》에는 늘 가방에 다크초콜릿을 챙겨 다니는 여성 판사가 나왔다. 불안하거나 힘들

때 초콜릿으로 몸과 마음을 안정시키는 이야기에 깊이 공감했다. 내가 소설《하니와 코코》를 좋아하게 된 이유도 서두를 여는 이런 대사들 때문이었다. "저기, 있잖아. 뭘 좀 먹으면 생각이 더 잘 날 것 같지 않아? 달콤한 거라든지." "우리에겐 달콤한 게 있었지."

이 소설에는 어릴 적부터 달콤한 것이라면 사족을 못 쓴 노년 여성 공 여사가 나온다. 공 여사는 어릴 적 머문 숲속 신비로운 집을 잊지 못하는데, 그곳에서 맛본 다디단 딸기잼 때문이다. 길 잃은 아이가 우연히 발견한 집에서 맛본 잼과 그림책들이 안겨 준 포근함은 직접 겪지 않아도 충분히 짐작할 수 있다. 그 맛을 추억하며 딸기잼을 공들여 만드는 모습을 보면서 나는 공 여사가 단맛이 지닌 힘을 누구보다 잘 아는 사람이라고 생각했다. 어떤 맛은 한 인간의 몸과 마음을 세밀하게 어루만지기도 하는 법이다. 어느 날 공 여사 앞에 나타난 독특한 여자아이 하니도 그런 사람이었다. 단맛은 두 사람을 이어 주는 끈이고 힘겨운 시간을 조금이나마 견디게 해 주는 힘이었다.

어른이 돼서도 좀처럼 잊을 수 없는 강렬한 맛에는 다른 음식으로 대체할 수 없는 정서나 기억이 담긴 때가 많다. 편안함, 아늑함, 즐거움, 따뜻함 같은. 그러니까 우리는 저마다 자기가 사랑하는 맛의 힘에 기대어서 힘겹고 막막한 시간을 지나는지도 모른다. 그래서 식이 조절을 시작하고 한동안은 끊임없이 일상이 휘청거렸다. 체질식은 건강을 회복하기 위한 식단인 동시에 가장 원초적으로 몸과 마음을 위로하는 맛들하고 영영 이별하는 계기이기 때문이었다. 그 상실감을 뭐라 표현할 수 있을까. 삶이 조금은 더 각박해진 듯한 날들이 이어졌다.

그래서 체질식을 시작하고 1년 즈음까지는 충동적으로 일탈을 벌이는 날이 많았다. 식단을 잘 지키다가도 임계점에 다다르면 나도 모르게 슈퍼마켓으로 가서 강렬한 단맛을 찾아 헤맸다. 아몬드 빼빼로, 초코송이, 빈츠, 롯데샌드 깜뜨맛처럼 초콜릿이나 쿠앤크를 넣은 과자부터 돼지바, 옥동자, 붕어싸만코 같은 다디단 아이스크림까지 봇물 터진 듯 단맛을 탐했다. 그러고 나면 만족감과 자괴감이 동시에 찾아왔다. 내가 또 유혹에 넘어가고 말았구나. 몇 달 만에 돼지바를 먹고 느낀 복잡한 감정을 지금도 기억한다. 온몸의 세포를 일깨우는 달달함에 말초적 행복을 느끼면서도 곧 닥칠 과보를 감당할 생각에 어찌나 가슴이 서늘하던지. 그런 와중에도 눈앞의 아이스크림은 한 입 한 입 소중하게 삼켰다. 웃기면서도 짠한 기억이다.

그렇게 버거운 나날을 보내던 어느 날 한의원에서 단비 같은 소식을 들었다. 내가 먹을 수 있는 시럽이 있다는 말이었다. 그때부터 메이플시럽을 신줏단지 모시듯 하며 살았다. 통밀빵을 먹던 때라 빵에 시럽을 찍어 먹기도 하고, 밀뻥튀기에 부어 먹기도 하고, 볶은 귀리 가루와 콩가루를 섞은 미숫가루에 넣어 먹기도 했다. 그 단맛이 큰 위안이자

기쁨이었다.

　고소하고 달콤한 미숫가루를 마시면 어느새 마음이 푸근해지면서 너그러운 미소가 지어졌다. 이 달달한 맛이 있으면 쉽지 않은 체질식도 잘할 수 있을 듯했다. 그런데 이 무슨 운명의 장난일까. 얼마 뒤 메이플시럽이 다시 내 체질에 맞지 않은 음식으로 정정됐다(종종 체질 음식을 재분류하는 일이 있었다). 행복한 나날은 꿈처럼 끝났다. 이번에도 상실감을 꽤 오래 앓아야 했다.

　단맛 없이 어떻게 사나 걱정하면서도 하루하루는 그럭저럭 잘 흘러갔다. 사람은 적응하는 동물이라는 말을 그 시기를 지나며 더욱 실감했다. 얼마 뒤에는 전에 모르던 또 다른 단맛을 발견했다. 오감을 자극하는 짜릿한 맛도, 순식간에 기분을 바꾸는 강렬한 맛도 아니지만, 나름대로 매력이 있었다. 이제 나는 푹 익힌 채소에서, 된장국에서, 귀리쌀과 흰콩과 통밀을 넣고 갓 지은 밥에서 은근하게 느껴지는 단맛을 만난다.

　물론 이 맛이 나를 행복하게 하던 단맛을 온전히 대체하지는 못한다. 그렇지만 그래서 새롭고, 좋기도 하다. '이 맛이 훨씬 건강해' 하고 스스로 달래도 어디인가 아쉬운 날도 있지만 '이것도 충분히 괜찮구나' 하고 느끼는 날도 비슷하게 늘어가는 중이니, 이만하면 괜찮지 않을까. 이런 과정을 거치면서 하나가 다른 하나를 완벽히 대체한다는 환상을 조금은 깨트리게 된 듯하다. 이렇게 달라지는 삶이 나쁘지 않다. 아니, 꽤 마음에 든다. 내가 먹는 음식들을 뭔가 부족한 맛이 아니라 그저 다르고 고유한 맛으로 느낄 수 있게 된 변화도. 이제 한순간 내 몸을 기쁘게 하는 자극적인 맛을 찾아다니기보다는 또 다른 맛으로 나를 달래고, 돌보고, 힘을 얻는다. 서툴기는 해도, 이제야 내 두 발로 뚜벅뚜벅 걷게 된 느낌이다.

두부를
많이 먹어라

● ● ● ● ●

특별한 선물

얼마 전 반가운 전화를 받았다. 지난봄에 마무리된 시니어 글쓰기반 수강생이었다. "아영 쌤, 잘 지내죠? 저 복실이입니다." 오랜만에 듣는 활기찬 목소리에 내 마음도 덩달아 환해졌다. "복실이 님, 어쩐 일이세요? 잘 지내시죠?" 3년 가까이 함께해서 그런지 종강한 뒤에도 이따금 수강생들이 생각났다. 복실이, 다람쥐, 미미, 까치, 코스모스, 성심, 몽실이……. 별명으로 부르던 얼굴들이 하나하나 떠올랐다. 수업을 계기로 만나 가깝게 마음을 나눈 사이다.

짧은 안부 인사를 나누자마자 복실이 님이 대뜸 떡을 보내고 싶다고 했다. "떡이요?" 놀라서 되물었다. "그때 주신 책 너무 재미있게 잘 읽었어요. 읽는 내내 대천마을로 달려가고 싶었다니까요." 마지막 수업 때 막 나온 내 책을 나눠 드렸는데, 그 책을 읽은 모양이었다. 안 그래도 고마운 마음을 전하고 싶어 고민하던 차에 문득 떡이 떠오르더라고 했다. "아영 쌤이 웬만한 건 다 못 드시니까 뭘 보내기도 그렇고……. 책을 읽다 보니까 여기 나온 사람들이랑 같이 떡이나마 나눠 먹으면 너무 좋겠는 거예요." 함께 나누는 떡이라니! 세심한 마음 씀씀이에 적이 놀랐다. 이미 우리 동네 근처 떡집을 알아보고 통화까지 마친 뒤였다. 사양해도 보낼 테니 부담 갖지 말고 받아 달라는 말 뒤로 나이는 많아도 떡 두 되 보낼 능력은 충분히 된다며 해맑게 웃는다. 이런 유머와 배려조차 복실이 님다웠다.

한 분기 수업이 끝날 때마다 국수라도 같이 삶아 먹자고 먼저 제안한 사람이 복실이 님이었다. 각자 몫을 나눠서 고명을 챙겨 오기로 하고서는 혼자서 핵심 재료를 살뜰하게 준비해 온 모습이 떠올랐다. 직접 우린 육수와 소면, 양념장, 고명까지. 종강 날에는 그렇게 직접 만든 콩국수며 잔치국수를 먹으면서 정을 나눴다. 어느 해 상반기 수업 마지막 날에는 영양떡 한 되를 해 와 사람들을 놀라게 했다. 노년에 이사 와서 어떻게 정붙이고 사나 고민할 때 '정든 금사랑방'을 알게 돼 동네살이가 정말 즐겁더라고, 그런 고마움을 이렇게 전하고 싶다고 했다.

내가 무말랭이차를 먹을 수 있다는 말에 직접 말려 볶은 무말랭이를 건네던 손길도, 집에서 꽃을 피우면 좋은 일이 생긴다는 귀한 돈나무 가지를 나눠 주던 정다운 마음도 기억났다. 그런 복실이 님이니까 이 마음도 거절하지 않고 감사히 받아 잘 나누고 싶었다. 마침 2주 뒤 열릴 마을도서관 생일잔치가 떠올랐다. "그럼 7월 중순에 도서관 생일잔치에 맞춰서 보내 주시는 건 어떨까요? 그날 마을 주민들이 모여서 같이 비빔밥을 나눠 먹거든요." 마을 사람들이랑 함께 먹기에는 그만한 날과 자리가 없지 싶었다. 들뜬 마음으로 이야기하니 복실이 님도 좋다며 기뻐했다.

우리 마을에는 주민 후원으로 운영하는 사립 공공 도서관이 있다. 한때 내 직장이던 이곳은 해마다 도서관이 처음 문 연 날을 기념해 생일잔치를 연다. 아무나 와서 공연도 보고 밥도 나눠 먹는 자리다. 주민들이 함께 만드는 마을 잔치인 셈이다. 올해는 열여덟째 생일이자 코로나 뒤 4년 만에 여는 대면 생일잔치여서 더 각별했다. 오랜만에 모이는 반가운 자리에 복실이 님이 보낸 떡 선물이 함께하면 더 기쁘고 뜻깊겠다고 생각했다.

생일잔칫날 오전, 도서관 활동가가 떡이 잘 도착했다고 연락했다. 도서관으로 향하는 발걸음이 평소보다 즐겁고 설렜다. 사람들로 와자한 도서관에서 주민들이 직접 준비한 다양한 공연을 즐기고 도서관 1년 살이를 정리한 영상을 보면서 한 해를 돌아봤다. "맨발동무, 열여덟 번째 생일을 축하해!" 모인 사람들이 다 같이 생일 축하 노래를 부르고 나서 생일 떡과 비빔밥, 과일을 나눠 먹었다. 복실이 님이 보낸 떡도 함께. 나는 음식을 나눠 먹지는 못했지만, 그 자리에 함께하고 있다는 사실만으로 충분히 즐겁고 배부른 시간이었다.

나중에 들으니 잔치 전날 복실이 님은 도서관에 미리 전화를 걸어서 부모님에게도 드릴 수 있을 만큼 나한테 떡을 넉넉히 챙겨 달라고 당부했다. 또 한 번 마음이 따뜻해졌다. 덕분에 그날 선물은 두고두고 잊을 수 없는 소중한 기억이 됐다.

복실이 님만이 아니다. 식단 조절을 시작한 뒤로 주변 사람들에게서 종종 이렇게 세심한 마음을 받는다. "다른 건 못 드시니 물이라도……." 독서 모임 때마다 꼭 물 한 병을 챙겨 주는 사람도 있고, 길가에 파는 밤을 보고 내 생각이 나더라며 밤 봉지를 건네는 사람도 있다. 어느 가을에는 길가에 떨어진 밤을 여러 알 주워 온 지인 덕에 한참 웃기도 했다. 도서관 동아리 모임 마지막 날, 어느 다정한 이는 혹여나 내가 먹을 것이 없을까 봐 오디 철도 아닌 겨울에 냉동 오디를 사러 간 이야기를 했다. 깜짝 놀랐다. 어떻게 이럴 수 있을까? 결국 오디를 구하지 못한 그분은 내가 먹을 수 있는 배를 예쁘게 깎아 주셨다. 그날 먹은 배 맛은 지금도 잊을 수 없다.

시니어 동화 읽기 수업에 참여한 한 수강생은 마지막 날 손수 깎은 배와 깎지 않은 배를 가져와 건넸다. 남은 배는 집에 챙겨 가서 먹으라는 배려였다. 오미자차를 마실 수 있다는 사실을 안 이웃은 책 모임을 할 때 같이 끓여 먹자며 오미자차를 사 왔다. 모임이 끝난 뒤에는 물었다. "집에 챙겨 가서 먹을래요?" 이런 사려 깊은 마음을 만날 때마다 나는 놀라기만 했다. 그때마다 우리가 단지 음식만이 아니라 함께하는 정다운 시간과 어떤 마음을 나누고 있다는 사실을 깨닫는다.

때로는 내가 먹을 수 없다는 사실을 알면서도 음식을

꼭 쥐여 주는 이들이 있다. 글쓰기반 학생 미미 님은 마지막 수업 날 밥알찹쌀떡 세트를 내밀었다. "못 드시는 거 알아서 안 그래도 고민했는데, 어머니라도 가져다 드리라고 챙겨 왔어요." 어느 지인은 쿠키를 건네면서 말했다. "가지고 있다가 다른 사람한테라도 줘요." 그때마다 선물의 의미를 다시금 생각했다. 우리는 상대에게 필요한 뭔가를 주는 것이 선물이라 배우지만, 그 필요란 얼마든지 새롭게 만들 수 있고 더 확장할 수도 있다. 꼭 받는 사람이 먹거나 써야만 의미 있는 선물은 아니니까, 이런저런 사정을 알면서도 주고 싶을 때가 있으니까, 그 마음이 얼마나 소중한지 아니까, 그런 선물을 잘 받는 일도 참 중요하다. 귀한 마음을 받을 때면 언제나 배가 부르다. 시간이 지나도 쉬이 꺼지지 않을 든든한 포만감이다.

복실이 님에게는 이야기보따리로 감사한 마음을 전했다. "내가 이 책을 읽고 아영 쌤을 백배는 더 좋아하게 됐다니까요!" 수업 때 일본 동화책 《아빠, 소 되다》를 함께 읽고는 명랑한 목소리로 이렇게 말하던 모습이 떠올랐다. 복실이 님이라면 분명 재미있게 읽을 만한 책 몇 권에 엽서를 써서 함께 부치는 내내 내 얼굴에는 미소가 떠나지 않았다. 이 이야기들이 무더운 여름날의 열기를 잠시나마 식혀 주기를, 평범한 하루 속에 작은 즐거움이 되기를 바랐다. 나도 이웃들에게서 배운 대로 내 마음을 전하는 일에 더 부지런한 사람이 될 수 있기를 소망한 여름날이었다.

위반에서 회복으로

지난겨울 엄마 생신을 맞아 가족들끼리 집 근처 한정식 식당에서 외식을 했다. 반찬과 찌개가 한 상을 가득 채울 즈음 나는 챙겨 간 도시락을 꺼냈다. 늘 먹는 통밀밥에 당근, 버섯, 오트밀을 넣은 볶음밥이었다. 식당에서 나만 다른 음식을 꺼내 먹는 일은 여전히 그리 유쾌하지 않지만, 이 날만큼은 부러 더 씩씩하게 먹었다. 그래야 가족들도 마음 놓고 좀더 편하게 식사할 수 있겠다 싶었다. 이제 먹음직스러운 음식이 눈앞에 있어도 크게 휘둘리지 않는다. 그저 길가에 난 풀이나 돌을 보듯 내가 못 먹는 무엇이려니 생각한다.

언제부터 가족들하고 밥 먹을 일이 거의 없다. 따로 살다 보니 한 식탁에 마주 앉을 기회도 적고, 밖에서 밥 한 끼를 먹으려 해도 체질식을 하는 내 상황 때문에 여의찮다. 식당에서 따로 챙겨 간 음식을 먹는 일도 불편하고, 어떤 식당에서는 먹지 않더라도 일 인분 값을 치러야 하니 아깝기도 하다. 그래서 내가 포함된 가족 외식은 갈수록 요원해지고 있다. 가족이 함께 모여 밥을 먹은 기억이 아득할 정도다. 그래서 이번에는 내가 먼저 마음을 내어 말을 꺼냈다. 오랜만에 밖에서 같이 밥 한 끼 먹자고. 평소 같으면 안 그럴 테지만 이런 날만은 다른 계산은 잠시 접고 함께 외식하는 기분을 내고 싶었다. 서로 다른 음식을 먹더라도 같은 자리에 있는 정도면 충분하겠다고 생각했다. 예상대로 모처럼 모인 그 자리는 정답고 따뜻했다.

올해 초에는 가족 생일잔치를 겸해 경주에 있는 어느 채식 한식당을 찾았다. 체질식을 하기 전에 가 본 곳인데, 건강하고 정갈한 음식이 입맛에 잘 맞아서 가족들도 맛보게 하고 싶었다. 예약한 방을 안내받고 미리 생각한 코스를 주문하자 곧이어 애피타이저로 찹쌀호박죽과 샐러드가 나왔다. 평소라면 상차림이 시작될 때 나도 도시락을 꺼내 식사할 준비를 할 텐데, 그날은 달랐다. 챙겨 온 도시락을 내버려 두고 갓 나온 음식을 먹기 시작했다. 내가 얼마나 철저하게 체질식을 지키는지 잘 아는 엄마는 놀란 눈치였다. "진짜?" "괜찮겠나?" 몇 번이고 물어보며 내 표정을 살폈다. "응, 오늘은 먹을 거야." 나는 아랑곳없이 이어서 나온 들깨버섯탕, 잡채, 버섯탕수, 도토리묵, 전, 튀김, 된장국에 이런저런 반찬까지 평소에는 먹을 일 없는 음식을 하나하나 맛봤다. 각자 그릇에 음식을 덜어 건네고 맛있다거나 먹어 보라는 말들을 주고받으면서.

이 돌발 행동에는 사연이 있었다. 그즈음 내면에서 거친 풍파를 겪던 나는 하루 전날 기어이 금기를 깨트리고 말았다. 뭔가 다른 음식이 먹고 싶다기보다는 여러 스트레스와 복잡한 심경이 자아낸 충동적 행동에 가까웠다. 늦은 밤 먹을 것이 없나 뒤지다가 수업에 오는 아이들에게 줄 간식으로 산 과자와 사탕과 음료수를 보이는 대로 먹어 치웠다. 정신을 차린 때는 일이 벌어진 뒤였고, 수습하기에는 이미 늦었다. 그제야 허탈하고 황당하고 걱정되고 막막한 감정이 한꺼번에 몰려왔다. 지금까지 정말 잘해 왔는데, 이 갑작스러운 행동을 나도 쉽게 납득할 수 없어서 더 당혹스러웠다. 겨우 마음을 추스르고는 서둘러 잠을 청했다. 내일부터 다시 시작하면 된다고, 이런 날도 있을 수 있다고, 너무 심각하게 생각하지 말자고 나를 다독였다. 그렇지만 이미 약해진 마음은 생각보다 빠르게 허물어졌다. 오랜만에 가족들하고 둘러앉은 외식 자리에서 눈앞에 놓인 음식을 보자 기왕에 벌어진 일 오늘까지 마음껏 먹자며 부추기는 내 안의 유혹에 넘어갔다. 그렇게 시작된 일탈이었다.

상큼한 샐러드 소스와 아삭한 채소부터 먹은 지가 언제인지 까마득한 튀김과 전, 잡채까지. 음식을 하나하나 맛볼 때마다 혀의 모든 감각이 되살아나는 듯했다. 다채롭고 자극적인 음식 맛도 강렬한 도파민을 일으켰지만, 서로 같은 음식을 나눠 먹을 때에만 느낄 수 있는 정겨운 기분도 마음을 들뜨게 했다. 그날 나는 '아, 맛있다!'는 한 마디에 담긴 겹겹의 의미를 몸소 느꼈다. 거기에는 혀로 느끼는 맛뿐 아니라 정서로 스며드는 맛까지 들어 있었다.

밥을 다 먹고 황리단길을 걸으면서 그동안 눈으로 구경

만 한 길거리 음식도 사 먹었다. 여러 가지 치즈를 넣고 만든 경주 특산품 십원빵을 먹으면서 걷는데 이 순간이 현실인지 잘 믿기지 않았다. 어디 놀러 가서 그 지역 음식을 먹은 일이, 이렇게 길거리 음식을 사 먹은 일이 얼마 만인지 까마득했다. '아, 그래, 이게 사람 사는 맛이지.' 그 순간 이런 생각을 절절하게 했다. 가슴속에 차곡차곡 응어리진 서운함, 억울함, 외로움 같은 감정이 스르르 녹고 어깨에 꼭꼭 짊어진 돌무더기가 씻겨 내리는 기분이었다.

'그동안 나 자신을 너무 꽉 움켜쥐고 살았구나, 절대 무너지면 안 된다는 강박에 꽁꽁 묶여 지냈구나…….' 금기하던 음식들을 먹으며 생각했다. '굳이 이렇게 하지 않아도 됐는데. 잠깐의 틈을, 여유를 줘도 괜찮았는데.' 감상에 빠져 있다가 이내 고개를 저었다. 잠깐이라도 틈과 여유를 줄 수 없는 이유를 가장 잘 아는 사람은 바로 나였다. 애매한 태도로 이 생활에 결코 적응할 수 없다는 깨달음을 지난 시간을 통과하며 뼈저리게 얻었다. 이 생활에는 한 치의 타협도 용납될 수 없었다. 욕망은 만족을 잘 모르며, 괜찮겠다고 여기던 아주 작은 틈은 공든 탑을 금세 무너트린다.

식단을 지켜야 통증에서 벗어날 수 있다는 사실을 안다. 그래야 건강한 일상을 누릴 수 있다는 사실도. 그렇지만 머리로 아는 것과 매일 실천하는 일은 또 다르다. 나 자신에게 한 약속을 지키지 못할 때는 몸이 느끼는 고통뿐 아니라 정신적 괴로움도 참 컸다. 치료법을 몰라 한없이 막막하던 때하고는 또 달랐다. 자존감이 끝없이 바닥을 쳤다. 아무도 대신할 수 없고, 도와줄 수 없고, 오직 내 힘으로 일어서야 한다는 사실을 잘 알지만, 타협은 정말 쉬웠다. 그때는 날마다 무력하고 불안하고 서글펐다. 아픈 몸 때문만이 아니라 나를 믿을 수 없어서, 이런 내가 너무 답답하고 싫어서 그랬다.

그날 집에 돌아와서는 생일 파티용으로 사 둔 딸기 생크림케이크를 먹었다. 입에 넣자마자 달고 부드럽고 맛있어서 놀랐다. 정말? 진짜? 이런 맛이라고? 한 입을, 다시 또 한 입을 먹었다. 저녁에는 마지막 만찬을 즐기려고 직접 사 온 과자랑 평소 아이들이 먹는 모습을 보면서 침만 삼킨 티코 아이스크림도 여러 개 먹었다. '먹었다'보다는 '해치웠다'가 더 어울릴 법했다. 어쩐지 먹어도 먹어도 쉽사리 포만감이 들지 않아 평소보다 훨씬 과식한 탓이었다.

갑작스럽게 자극적인 음식을 한가득 먹으니 당연히 몸이 견디지 못했다. 며칠을 호되게 앓았고, 얼마 뒤에는 심한 몸살감기에 걸려 고생했다. 떨어진 체력은 쉽게 회복되지 않았다. "지독하다, 지독해." 그 시간을 지나면서 여러 번 되뇐 말이다. 한순간에 한 선택으로 감당해야 할 결과가 이렇게 무지막지하다는 현실이 억울하고 분했다. 선처를 호소하는 마음으로 조금만 자비를 베풀어 달라고 보이지 않는 존재에게 간절히 빌기도 했지만, 당연하게도 그런 일은 벌어지지 않았다. 세상은, 아니 몸은, 놀라울 만큼 정직하고 정확했다.

먹는 즐거움에 정신이 혼미해진 하루가 지나간 뒤 다시 현실을 마주해야 했다. 내 앞에는 넘어서야 할 커다란 과제가 기다리고 있었다. 일상 회복. 원래 내 생활에 정착해야 했다. 자신이 없었지만, 그래도 해 내야 했다. 어떻게? 자연스럽게, 그리고 편안하게. 이럴 때일수록 강한 의지나 굳은 다짐보다는 느슨한 전략이 더 효과적이라고 생각했다. 이 욕구를 상대로 한판 승부를 치르는 마음으로 지나치게 비장해지면 심리적 반작용도 큰 법. 별일 아니라는 듯, 일부러 무심한 듯, 가벼운 마음으로 임했다. 나 자신에게 계속 주문을 걸었다. '이건 그냥 흐름 타기다.'

하루, 이틀, 사흘, 나흘, 시간이 흘렀고, 나는 그 어느 때보다 강렬하게 올라온 여러 충동과 격한 감정에서 천천히 벗어났다. 많이 걱정하고 불안해했는데, 생각보다 고요하게 일상을 되찾았다. 뭐가 어떻게 돼 가는 줄도 모른 채, 그냥 그렇게. 돌아보니 나는 먹고 싶다는 욕구에 굴복하기보다는 자기 학대를 하고 있었다. 먹고 싶은 대로 먹고 나자 더 과감하게 나를 해치고 싶은 마음에 사로잡힌 상황을 보면 말이다. 그때 나는 나를 옭아매는 뭔가를 참아 낼 수 없는 처지에 놓였고, 내 안에서 빠져나가지 못한 에너지를 어떻게 잠재워야 할지 몰라 우왕좌왕했다.

내 몸과 마음에 갖가지 흔적을 남긴 태풍이 지나간 뒤, 억압된 욕구와 무의식, 건강한 생활, 질서와 균형에 관해 많이 생각했다. 죄다 모호하고 알쏭달쏭했다. 쉬운데 어렵고, 어려우면서도 할 만하고, 그러다가도 다시 미궁에 빠지는 듯했다. 똑바로 걷다가 비틀거리다가 넘어지다가 다시 제대로 걸어가는 내 모습이 머릿속에 둥둥 떠다녔다. 어쨌든 지금은 다시 두 발로 뚜벅뚜벅 걷고 있으니, 참 다행이다.

새로운 난관

요즘은 간헐적 단식이나 소식처럼 식사 시간과 먹는 양을 조절하는 데 관심이 많다. 평생 소식을 실천한 일본 관상학자 미즈노 남보쿠나 '1일 1식' 붐을 일으킨 나구모 요시노리가 쓴 책을 여러 번 읽으며 그 가치를 세뇌하고 있다. 주기적으로 관련 주제를 다룬 영상도 찾아본다. 알려진 바에 따르면 소식이나 간헐적 단식은 건강에 여러모로 이롭다. 일정한 시간 동안 공복을 유지하면 음식물을 소화하고 해독하느라 바쁜 장기들이 쉴 수 있어서 염증이 줄어들고 성인병을 예방하는 데도 도움이 된다고 한다. 노화를 일으키는 주범인 활성 산소가 줄어 노화를 늦추고 장수에도 긍정적인 영향을 미친다. 체중 감량 효과도 있다.

평생 많은 이들을 만나 관상을 본 미즈노는 소식 예찬자였다. 단명할 팔자라 해도 철저한 소식으로 식습관을 관리하면 운명을 피할 수 있다고 주장했는데, 미즈노 자신도 그렇게 운명을 바꿨다. 어떤 사람이든 음식 양을 조절해서 불운을 어느 정도 피할 수 있으며 때로는 운명마저 바꿀 수 있다는 깨달음을 얻은 결과였다. 여러 책에서 소식과 절제를 거듭 강조한 미즈노에 따르면 적게 먹는 생활은 건강

뿐 아니라 인생에 두루 유용하다.

　나도 적게 먹고 나서 몸이 더 편안하다고 느낀 적이 적지 않다. 많이 먹어서 탈이 난 적은 있어도 적게 먹어서 큰 문제가 된 일은 없었다. 예전에는 중요한 일정이 있는 날이면 물 말고 다른 음식은 거의 안 먹기도 했다. 예민한 성격이라 긴장하면 입맛이 떨어지기도 했지만, 음식을 먹은 뒤에 몸이 찌뿌둥하고 무거워지는 느낌이 싫어서 부러 안 먹기도 했다. 배가 부르면 나도 모르게 졸음이 밀려오고 정신이 둔해지는 듯하기 때문이었다. 그때는 별생각 없이 내 몸 편한 대로 했는데, 돌아보니 그런 행동에는 나름대로 합리적인 이유가 있었다.

　적당한 공복을 유지할 때 내 몸과 정신이 가장 맑고 가뿐하다. 몸 상태도 그렇지만, 음식 욕구를 잘 조절하면 일상에도 질서와 탄력이 생기는 기분이다. 반면 음식 욕구를 조절하지 못하면 그때부터 집이 점점 지저분해지거나 할 일을 하나둘 미루면서 게으름을 피우는 등 당장 내 몸 편한 생활을 추구하려는 습(習)이 강력하게 발동한다. 미즈노가 한 말이 조금 극단적이기는 해도 수긍하게 되는 이유가 이런 경험 때문이다.

　그런데 적당한 공복감이라는 기분 좋은 상태는 까마득한 옛일이 됐다. 언제부터 음식을 절제하기가 부쩍 어려워져 하루하루 고민하며 몸살을 앓고 있기 때문이다. 체질식을 하면서 얻은 부작용이다. 나에게 맞는 음식만 가려 먹는 생활 덕분에 통증이 서서히 나아지는 동안 음식을 향한 집착은 더 심해졌다. 원하는 음식을 마음껏 먹지 못하는 상황은 끊임없이 허기가 지게 했다. 그러다 보니 내가 먹을 수 있는 음식으로 최대한 배를 채우려는 욕구가 생겼고, 자연스레 과식하는 습관으로 이어졌다.

체질식에 어느 정도 적응해서 다른 음식에 크게 휘둘리지 않게 된 즈음, 그러니까 무척이나 높아 보이던 산 하나를 비로소 넘어서는구나 생각할 무렵부터 눈앞의 또 다른 난관을 만난 셈이었다. 그 난관은 그동안 넘어온 산보다 더 가파르고 높았다. 언제부터 조그만 스트레스만 받아도 얼른 먹어서 해소하려 했고, 음식을 먹지 않는 시간은 대개 불안하고 초조했다. 먹을 때만 즐겁고, 살아 있는 듯했고, 기운이 났다. 하루 종일 먹는 생각만 하게 됐다. 그런 내가 부끄럽고 싫었지만, 바꾸기 어려웠다.

그전에도 과식은 종종 했지만 맛있는 반찬이 있거나 몹시 허기가 질 때 양을 조절하지 못하고 더 먹는 정도였지, 지금처럼 일상적이지는 않았다. 지금은 과식을 넘어 먹는 것만 떠올리는, 이른바 음식 집착 상태에 이른 듯하다. 중독 환자들이 병원에 들어가서 통제를 받을 수밖에 없는 이유를 깊이 이해하게 된 시간이었다. 가끔은 나도 그런 도움이 필요하다고 생각했다.

나처럼 중독 증세를 겪는 사람은 의지를 발휘하려는 노력이 그다지 효과적이지 않다고 말하는 전문가를 유튜브에서 봤다. 유혹이 가득한 상황에서 내 의지를 발휘해 조절하려 애쓰기보다는 아예 유혹에 빠지지 않는 환경을 만드는 일이 더 중요하다는 뜻이었다. 진짜 의지란 의지를 발휘하지 않아도 되는 상황으로 나를 데려가는 행동이라는 말에 격하게 공감했다. 나에게는 그런 유혹 상황이 바로 '집'인데, 문제는 내가 일하는 장소도 집이라는 사실이다.

밖에서는 대개 음식을 먹기 어려워서 집에만 오면 자꾸 뭔가를 먹으려는 욕구에 휘말렸다. 어느새 '집=먹는 곳'이라는 강한 연결 고리가 생겨났다. 그런 생각은 정말 확고해서 바꾸기가 어려웠다. 의도적으로 집을 벗어나려 애쓰다가, 그러기도 쉽지만은 않아서 찾아낸 방법이 아예 음식에 입 대지 않기였다.

음식에 입을 대는 순간 '적당히'라는 선이 금세 허물어졌다. '조금만 더' 먹고 싶다는 유혹에 시달렸고, 거의 매번 굴복했다. 처음 체질식을 시작할 때 겪은 어려움이랑 다르지 않았다. 그때는 일반식에 조금이라도 입을 대면 절제력을 잃고 다시 음식을 탐하는 습이 강하게 올라왔다. 한 번 규율이 깨지면 다시 체질식으로 돌아가는 데 제법 긴 시간이 걸려 한참 고생했다. 백일 동안 잘 지키다가도 한 번 둑이 무너지면서 몇 달을 방황한 적도 여러 번 있었다. 주변에서 '치팅데이'를 만들라고 권할 때도 고개를 내저을 수밖에 없었다. 금연하면서 담배 '한 개비'만 피는 일이 용납될 수 없는 것과 마찬가지다. 아예 끊거나, 아니면 실패하거나 둘 중 하나다. 타협은 불가능했다.

그다음 생각한 방법이 첫 끼 늦게 먹기였다. 이른 오전에 음식을 먹으면 그때부터 조절할 수 없는 식욕에 시달리는 때가 많았다. 음식을 아예 끊을 수는 없으니, 공복 시간을 길게 유지하면서 첫 끼를 늦게 먹거나 주기적으로 단식하는 방법을 염두에 두기 시작했다. 체질식을 하더라도 음식은 먹으면 먹을수록 더 절제하기 어려워지기 때문이었다.

음식 욕구를 조절하기 어려워지면서 반복되는 위염 때문에 건강이 많이 나빠졌다. 아주 조금만 과식해도 심하게 앓았다. 중독이 삶을 망가트린다는 사실도 절절히 깨달았다. 음식뿐 아니라 무엇에든 중독되면 삶은 균형을 잃는다. 그때부터 다른 의미에서 건강한 삶을 생각하기 시작했다. 설명하기 어려운 몸의 통증은 식이 요법과 오랜 치료 끝에 어느 정도 통제할 수 있게 됐는데, 이제는 이 생활을 건강하게 해 나가는 데 필요한 또 다른 과제를 마주하게 된 셈이다. 나만 잘하면 되는 일이라 쉬워 보이지만, 여러 해째 같은 자리에서 고꾸라지고 있다.

체질식을 한 뒤로 건강을 더 자주 생각한다. 나는 더 건강해진 걸까? 잘은 몰라도, 건강이 그렇게 단순한 문제가 아니라는 정도쯤은 알겠다. 처음에는 체질식만 잘 지키면 건강해질 수 있다고 생각하고 목표를 향해 열심히 달렸다. 그런데 식이 조절을 하는 시간이 길어질수록 건강한 생활을 유지하려면 여러 가지 다른 노력이 필요하다는 현실을 깨닫고 있다.

건강한 음식을 적당하게 먹고, 꾸준하게 운동하고, 억압된 욕구가 이상한 방식으로 발현하지 않게 수시로 깨어 있고, 마음과 정신이 혼탁해지지 않게 일상을 정돈하며 마음공부를 해야 한다. 기상 시간을 일정하게 지키고, 집 안을 구석구석 청소하고, 하루 한 번은 꼭 집 밖을 나가 걷고, 불쑥불쑥 올라오는 욕구를 잘 들여다보고, 꾸준히 일기를 쓰고, 가까운 이들하고 일상을 돌보면서 돌아보는 작은 모임을 꾸리는 노력도 필요하다.

그래도 해마다 아주 조금씩 나아지는 중이라서 다행이다. 불가능해 보인 식단에 기적처럼 적응하듯이 내 앞에 놓인 이 난관도 넘어갈 수 있다고, 날마다 실패하면서도, 믿고 있다.

가서 차나 드세요

체질식이라는 절제된 생활 속에서 요즘 나는 '먹는다'는 것, 그러니까 '식(食)'에 관한 생각에 사로잡혀 있다. 몇 년째 이 생활을 하다 보니 좋은 점만큼이나 부작용도 적지 않다. 대체로 모든 일이 편안하고 원활한 시기가 있는가 하면, 자꾸 뭔가에 턱턱 걸리고 기우뚱하는 시기도 찾아온다. 지금이 그런 때다. 현명하게 잘 헤쳐 나가고 싶은데 마음처럼 쉽지 않아 고민이다. 이런 고민 또한 공부라고 생각하면서 나름대로 해답을 찾는 중이다.

나날이 몸 상태가 달라지고 계절을 타듯이 식생활도 시기를 탄다. 안정기가 지나면 조금씩 어긋나거나 위태로운 때가 온다. 이를테면 이런 식이다. 어느 날은 진실로 이 생활이 더는 어렵지 않다고 느낀다. 이미 몸에 익어서 식소수자의 삶이 정말 자연스럽다. 매일 뭘 먹을지 고민하지 않아도 되는 단조로운 일상이 편하고, 더는 소화 문제를 걱정하지 않아도 돼서 가뿐하다. 건강에 해로운 특정한 음식을 줄이거나 끊어야 한다고 생각할 필요가 없고, 금기를 지키지 못한 뒤 자책하거나 후회하는 데 에너지를 쓰지 않아도 돼서 커다란 해방감을 느낀다. 먹는 것을 절제해서 생겨난 일상의 질서와 견고함이 마음에 든다. 무엇보다 건강한 몸으로 생활할 수 있어서 아주 만족스럽다.

어느 때는 이 모든 것이 버겁고 족쇄처럼 느껴진다. 나만 전혀 다른 세상에서 살아가는 듯한 이상한 소외감과 외로움이 속절없이 덮쳐 올 때마다 우울의 파도를 탄다. 시간이 지나고 공부를 더 하면 좀 덜 흔들릴까. 이제 나도 꽤 단단하다고 여기다가도 이런 시기가 오면 아직 굴레를 벗어나지 못한 듯해서 조금 쓸쓸해진다. 이만하면 이제 '중수'라고, 이제 꽤 안정 궤도에 오른 느낌이라고 자신하면 얼마 뒤에 고비가 오거나 생각이 바뀐다. 즐거움과 괴로움 사이를 끝없이 오가는 삶이야말로 속세인이 겪는 '윤회'라는 어느 스님 말씀에 무릎을 쳤다. 그런 사람이 바로 나구나. 그러다 오늘은 책에서 이런 말을 만났다.

"가서 차나 드세요. 아시겠습니까? '어렵다' 하는 생각을 짓지 마세요. '쉽다' 하는 생각도 짓지 마세요. 아무것도 짓지 마세요. 찰나 찰나 오직 할 뿐!"(현각 엮음,《부처를 쏴라》, 65쪽). 선과 수행에 관해 질문한 사람에게 숭산 스님이 들려준 대답이다. 머리를 한 대 얻어맞은 기분이었다. 얼마나 담백하고 경쾌한 말인가. 오직 할 뿐. 그러고 보면 나는 체질식을 시작한 뒤부터 언제나 '쉽다'와 '어렵다' 사이를, '좋다'와 '나쁘다' 사이를 오갔다. '얻은 것'과 '잃은 것'을 재고 견줬다. 언제나 이런저런 생각을 지었다. 이제 어렵지 않아, 이제는 이 생활에 정말 만족해, 이 생활 덕분에 얻은 것이 참 많아. 아니야, 실은 여전히 어렵고 힘들어. 돌아갈 수만 있다면 그러고 싶어……. 이런 생활을 평생 한다고 생각하면 여전히 자신이 없어. 마음은 순식간에 휙휙 잘도 바뀌었다.

특히나 먹는 것으로 스트레스를 풀고 싶은 마음이 간절한 날에는 그런 생각이 더 강해진다. 그때마다 나는 어느 한쪽은 건강한 생각으로, 어느 한쪽은 경계해야 할 생각으로 여겼다. 잘 지키면 기뻤고, 못 지키면 우울했다. 그런데 오늘 만난 저 말이 짧은 순간이지만 죽비처럼 나를 깨우쳤다. 내가 또 나만의 틀에 갇혀서 끊임없이 생각을 짓고 있었구나. 달리 할 수 있는 선택이 없다면, 생각을 짓지 않고, 그저 일심으로 가는 수밖에 없겠구나. '생각은 욕망이고, 욕망은 고통'이라는 숭산 스님 말씀대로, 나는 끊임없이 생각과 욕망과 고통을 짓고 있었다. 그 사실을 깨닫자 '일심으로 그저 한다'는 스님 말이 무슨 뜻인지 조금은 알 듯했다.

'찰나 찰나 오직 할 뿐!' 그것만 기억하자. 잊고 다시 생각을 짓는다 해도, 또다시 여기로 돌아오자.

가을이 기다려지는 이유

얼마 전, 평소처럼 인터넷으로 배를 주문하려는데 품목에 햇배가 추가돼 있었다. 아직 8월인데 벌써? 얼떨떨해하다가 금세 웃음이 비어져 나왔다. 저장 배보다 몇천 원 더 비싸지만 갓 나온 배를 맛보고 싶은 마음에 당장 주문했다. 다음 날, 도착한 택배를 뜯어 얼른 배 한 알을 꺼냈다. 작고 색도 조금 푸릇했다. 배를 깎아 설레는 마음으로 꽁다리에 붙은 과육을 먹는데, 예상하고 다르게 맹숭맹숭한 맛이었다. 심지어 거의 물맛에 가까운 것도 있었다. 아, 억울해. 실망이 컸지만, 며칠에 걸쳐 야금야금 다 먹어 치웠다. 맛이 좋든 나쁘든 무엇으로 대체할 수 없는 소중한 간식이니까. 입이 심심할 때는 이런 것마저도 몹시 귀하다.

며칠 뒤 참외랑 복숭아랑 자두가 놓여 있던 동네 과일 트럭에도 배가 나타났다. 골판지에 매직으로 쓴 '햇배 만 원'이라는 문구가 보였다. 주문해서 먹은 배보다 조금 더 크고 고르게 연한 갈색이었다. 이번에도 실패할까 싶어 선뜻 못 사고 서성이니까 아저씨가 말했다. "햇배라 맛 좋아요." 마음은 이미 기울었다. 그 말에 속는 셈 치고 한 소쿠리를 샀다. 배 깎는 짧은 시간이 은근히 긴장됐다. 깎은 배를 한 입 먹으니 아저씨 말대로 당도도 높고 싱싱했다. 한 조각씩 천천히 맛을 음미하며 먹었다. 행복하다는 생각이 절로 들었다. 신기하게도 햇배에서 오묘하게 사과 맛이 났다. 사과라고 생각하고 먹으면 정말 사과처럼 느낄 맛이었다. 숙성된 배에서는 찾을 수 없는 여린 맛이다. 배 한 알이 눈 깜짝할 새 사라졌다. 금방 또 먹고 싶다. 그때마다 눈앞에 가격이 어른거린다. 싸지는 않아도 남들이 사 먹는 과자 한 봉지나 커피 한 잔에 견주면 그리 안 비싸다. 그렇게 스스로 위로하면서 한 알을 더 깎는다.

배는 내가 챙겨 먹는 거의 하나뿐인 과일이다. 초여름에 반짝 나오는 살구나 오디도 내 체질 과일이지만 제철이 지나면 구할 수 없고 소화가 잘 안될 때도 있어서 자주 못 먹는다. 체질식을 시작한 뒤로는 과일을 삶아 먹는데, 살구는 삶으면 신맛이 훨씬 강해져서 먹기가 쉽지 않다. 사계절 내내 가장 만만하게 먹을 수 있고 속도 가장 편한 과일이 바로 배다. 게다가 유일하게 단맛을 느낄 수 있는 음식이기도 하다. 예전에는 집 안에 쌓인 과일도 그렇지만 엄마가 깎아서 내놓은 배를 눈앞에 두고도 별다른 감흥이 없었는데, 지금은 배가 정말 소중한 과일이 됐다.

얼마 뒤면 가장 맛 좋은 배를 싼값에 부담 없이 살 수 있다. 배가 귀한 계절에는 쉽게 구할 수 없을뿐더러 값도 비싸서 한 알에 5000원이 넘거나 1만 원에 가까워질 때도 있다. 게다가 맛도 들쭉날쭉한다. 그럴 때는 쉽게 배를 사지 못하고 기다린다. 그래서 제철이 오면 그렇게 반가울 수가 없다. 이번 가을에도 아낌없이 배를 먹어야지. 그 생각에 벌써 설렌다.

밤 하나의 미세한 세계

이맘때가 기다려지는 이유는 햇밤 때문이다. 가을 제철이 지나고 나면 내내 저장 밤만 먹어야 하는데, 오래된 밤일수록 품질이 떨어져 수분이 적거나 당도가 낮다. 썩은 밤도 많다. 시기상 한여름에 먹는 밤이 상태가 가장 안 좋다. 그래서 그런지 여름 끝물에는 신선한 밤 생각에 다가오는 가을을 더 고대하게 된다. 얼마 전 외국 여행을 가면서 혹시나 하는 마음에 챙긴 밤도 비슷했다. 속이 비쩍 마르고 썩은 것들을 골라내고 나니 얼마 먹을 수 없어서 어찌나 허무하고 약 오르던지. 그때마다 '가을이 올 때까지는 안 사 먹고 버텨야지' 다짐하지만, 오래가지는 못한다. 간식거리가 아쉬울 때면 알고도 당하는 마음으로 또 주문한다. 그나마 에어프라이어에 돌려서 먹는 약단밤은 저장 밤이라도 상태가 꽤 좋은 편이다. 그렇지만 대부분 중국산이라 찜찜하기도 하고 치아 교정기 때문에 단단한 음식을 먹기 어려워서 요즘에는 주문이 좀 뜸해졌다.

밤이 아쉬운 시기를 지나면 곧 신선한 햇밤을 맛볼 수 있으니 그 시간이 마냥 힘들지만은 않다. 드디어 오늘, 올해 첫 햇밤을 먹었다. 이른 아침 벌초 다녀오는 길에 엄마가 집에서 찐 밤을 건넸다. 산소에 올리려고 산 햇밤이라 했다. 돌아오는 차 안에서 엄마가 이로 깨물어 반 가른 밤을 하나씩 받아 설레는 마음으로 파먹었다. 얼마 만에 먹는 알이 꽉 차고 포슬포슬하고 싱싱한 밤인지, 정말 감격스러웠다.

체질식을 하기 전만 해도 밤은 관심 밖 음식이었다. 싫어하지는 않아도 챙겨 먹을 만큼 좋아하지도 않았다. 목이 막히는 퍽퍽한 식감은 취향이 아니었고, 먹을 때마다 부스러기가 떨어져 귀찮기도 했다. 무엇보다 밤이 아니어도 먹을거리가 많으니 손이 잘 안 갔다. 식탁에 갓 찐 밤이 가득 놓여 있어도 본체만체한 그 시절이 지금은 그저 놀랍고 낯설 뿐이다. 체질식을 시작한 뒤부터 밤 한 알 한 알이 얼마나 소중한지 모른다. 가을이면 싱싱한 밤이 이렇게 한가득 생겨나는 일이 기적 같다. 밤 덕분에 먹는 기쁨을 더 충분히 느끼며 살아간다.

자주 먹다 보니 이제 밤이라면 준전문가라고 자부할 수 있을 정도다. 밤 맛뿐 아니라 밤에 관련된 여러 가지를 속속들이 안다고 할까. 이를테면 밤물은 보기보다 강력하다. 밤을 찐 물은 짙은 밤색이 되는데, 밤물이 싱크대나 옷에 묻으면 생각보다 잘 안 빠져서 애를 먹는다. 찐 밤을 자르면서 튄 밤물 자국도 마찬가지다. 과탄산소다나 얼룩 제거제를 여러 번 써도 끝내 지울 수 없어서 버린 옷이 몇 벌 된다. 냄비도 진한 밤색으로 곧잘 물들어서 과탄산소다를 넣고 팔팔 끓는 물에 자주 소독해야 한다. 그나마 스테인리스 냄비는 밤물이 잘 빠지는 편이지만 흰 컵이나 그릇은 착색되기 쉽다.

얼마 전에는 다용도실에 둔 쓰레기봉투에 주황색 곰팡이가 한가득 피었다. 처음에는 주황색 스펀지 같은 이 아이들 정체를 몰라 당황스러웠다. '뭘 버렸더라?' 곰곰 생각해도 알 수 없었다. 그러다 문득 떠올랐다. '설마 곰팡이인가?' 인터넷에 '주황 곰팡이'를 검색하니 비슷한 사진이 줄줄이 나왔다. 놀란 마음에 고무장갑을 끼고 솟아오른 곰팡이를 눌러 담는데 주황색 가루가 폴폴 날리면서 쿰쿰한 냄새가 퍼졌다. 얼마 뒤, 새 쓰레기봉투에서 또다시 주황 곰팡이가 번졌다. 이런 일을 몇 번 겪은 뒤에야 알았다. 주황색 가루는 밤 껍데기에서 생긴 곰팡이였다. 그때부터 다 먹은 밤 껍데기는 따로 봉지에 넣어 냉동한다. 더운 계절에는 상온에 둔 밤 껍데기에서 곰팡이가 생길 수 있다는 사실을 새로 배웠다. 소소한 살림 팁이다.

보관 방법에 따라 밤 맛이 달라진다는 사실도 알았다. 얼마 전 큰마음 먹고 주문한 '특대' 사이즈 공주 햇밤을 아껴 먹고 있었는데, 더 신선하게 보관하려고 냉동실에 넣어두니 맛이 변했다. 냉동한 밤을 꺼내어 찌니 어딘가 묵은 냄새가 나면서 맛이 달랐다. 길어야 사나흘 안에 먹었는데, 남은 밤들이 모조리 다 그랬다. 그제야 깨달았다. 얼린 밤을 해동하면 맛이 달라지는구나. 엄마가 시장에서 산 햇밤이 냉장고에 들어가면 묵은 밤처럼 맛이 이상한 이유를 알 것 같았다.

이제 맛이 조금 이상하다 싶으면 또 썩은 밤이구나 하면서 뱉는다. 썩은 줄 모르고 입에 넣다가 씹기도 전에 바로 알아채기도 한다. 대충 벌레 맛이라고 짐작하는 맛도 있다. 모르기는 해도 나도 모르게 벌레 여러 마리 먹은 듯싶다. 밤을 반으로 가르면 맛이 있는지 없는지 감으로 알 수도 있다. 밖에서 군밤이나 약단 밤을 사 먹을 때면 오래 묵힌 밤인지 아닌지도 금방 알아챈다. 자주 먹으니 밤 맛만큼은 예리한 미각을 지니게 됐다.

좀더 지나면 군밤 아저씨가 동네 어귀에서 장사를 시작할 때다. 생각만 해도 설렌다. 찐 밤이나 약단밤하고는 또 다른 따끈한 군밤은 이 계절 별미다. 찐 밤은 숟가락으로 파먹어야 해 번거로운데다 왠지 감질나 허기지는 느낌이라면 군밤은 까먹기도 편하고 더 달달해서 먹는 즐거움이 또 다르다. 갓 나온 따끈따끈한 군밤 봉지를 들고 추운 거리에서 한 알씩 먹는 맛이란!

그렇지만 군밤 먹기가 마냥 쉬운 일은 아니다. 단속 때문에 자주 자리를 옮기는 군밤 장수를 눈치껏 찾아야 하기 때문이다. 어느 때는 꼭 숨바꼭질하는 기분이다. 늘 있는 장소에 군밤 트럭이 보이면 먼 곳에서도 반가운 마음에 발걸음이 빨라진다. 작년 겨울에는 떨이로 한 봉지를 더 받고 날아갈 듯 기뻤다. 군밤 세 봉지를 품에 안고 집으로 돌아가는 길은 든든하고 푸근한 기분이었다.

예전에는 한 번도 눈여겨본 적 없는 도로 위 약단밤 장수도 이제는 놓칠 수 없는 방앗간이다. 약단밤 장수는 갓길에 트럭을 세우고 빨간불일 때 시식용 밤도 나눠 준다. 그런데 약단밤을 사려면 나름대로 요령도 필요하고 운도 따라야 한다. 교통 신호와 동선 등 여러 여건이 맞아떨어져야 하기 때문이다. 돈까지 꺼내어 준비하고 있는데 파란불로 바뀐 적도 많고, 빨간불을 받고 멈춰 있는데도 밤 장수가 가까이 오지 않은 적도 여러 번이다. 차창을 열고 애타게 손을 흔들면서 여기 밤 사려는 사람이 있다고 알린 끝에 간신히 구매에 성공한 적도 있다. 그렇게 손에 쥔 밤은 더 소중하다.

체질식을 하면서 음식이 귀하다는 감각을 배웠다. 이전에는 계절 따라 돌아오는 제철 음식을 특별하게 생각해 본 적이 별로 없었다. 꼭 그 음식이 아니어도 먹을거리가 많으니 대단하게 여기지 않았다. 먹으면 좋지만 안 먹어도 그만이라 아쉬울 일이 없었다. 지금은? 계절이 바뀌는 즐거움을 그때보다 더 마음 깊이 느낀다. 자연이 베푸는 이 신비로운 양식에 감사하고, 내 입에 들어올 때까지 쌓인 숱한 노고에 겸허한 마음이 든다. 무엇이든 먹을 수 있는 시절에는 모르던 감정이다. 그래서 이따금 이전보다 식소수자로 살아가는 지금 생활이 더 풍성하다고 느낀다. 한 가지 음식하고 이토록 다채로운 관계를 맺을 수 있어서 좋다. 먹을 수 있는 음식 가짓수야 줄어도 먹는 즐거움과 그런 과정에서 얻는 충만함은 훨씬 크다.

씨앗을 심다

며칠 전 길을 걷는데 낯선 번호로 전화가 왔다. "열매, 마을텃밭인데요. 월요일 오전에 시간 돼요? 이번에 우리 텃밭 정리도 좀 하고 씨도 뿌리려는데……." 텃밭을 같이하는 분이었다. 반가운 마음에 물었다. "시간 돼요. 그날 뭘 챙겨 가면 될까요?"

재작년, 이웃이 이사 가면서 마을텃밭 자리를 하나 물려받았다. 쌈지공원 옆 조그마한 텃밭인데, 동네 사람 몇이 공동으로 가꾸는 곳이다. 그때만 해도 내가 먹을 수 있는 작물 몇 가지를 손수 기르겠다는 의욕으로 들떴지만, 막상 밭이 생기고 나니 이런저런 핑계를 대며 방치한 지가 어언 2년이 다 됐다. 뭔가를 직접 심고 기른 경험이 없는 탓인지 첫 시작을 하기가 유독 더 어려웠다. 내내 마음만 무겁게 지내다가, 작년 겨울에 텃밭 멤버끼리 한번 모이자는 연락을 받고는 내심 반가웠다. 혼자서는 영 몸이 안 움직였는데, 다른 사람들하고 함께하면 뭔가 해 볼 수 있을 듯했다. 모임 당일, 처음으로 내 밭을 확인했다. 이 가까운 곳을 왜 한 번도 안 왔을까. 그날은 밭 상태를 대강 점검하고 자리를 새로 나눈 뒤 2주 뒤에 다시 만나기로 하고 헤어졌다.

그런데 다음 모임에 내가 가지 못하면서 그새 몇 달이 흐른 상황이었다.

전화기 너머로 대답이 들렸다. "장갑이랑 모자, 물, 그리고 씨 뿌릴 거 좀 챙겨 오세요." 통화가 끝나자마자 준비물을 메모하고 어디에서 씨앗을 구할지 곰곰이 생각했다. 그러다 텃밭 멤버 중 한 사람이 떠올랐다. 동네에서 제로 웨이스트 숍을 운영하는 분인데, 그분에게 씨앗 도서관 이야기를 들은 기억이 났다. "유진 쌤, 혹시 지구숲에서 씨앗도 팔아요?" "아뇨, 씨앗은 나눔만 해요. 월요일에 챙겨 갈 씨앗이 있는지 좀 살펴볼게요." 땅에서 받은 씨앗은 팔지 않고 두루 나눈다고 했다. 씨앗은 텃밭 사람들에게 좀 얻을 수 있을 듯해 다른 준비물을 사러 다이소에 갔다. 목장갑이랑 모종삽 하나를 챙기고 원예 코너를 구경했다. 내가 먹을 수 있는 작물은 없었지만, 청상추 씨앗이 눈에 띄었다. 얼마 전부터 체질식을 시작한 엄마가 먹을 수 있는 하나뿐인 채소가 청상추다. 반가운 마음에 청상추 씨앗 한 봉지도 샀다.

오늘 오전에 준비물을 챙겨서 집을 나섰다. 텃밭에 도착하니 두 사람이 이미 와 있었고, 산책 겸 따라 나온 강아지 한 마리도 부지런히 밭을 오가는 중이었다. 사람들이 다 모인 뒤 목장갑을 끼고 씨앗과 모종삽을 꺼내 들었다. 그때 유진 쌤이 말했다. "열매, 호미 하나 가져와 봐요." 파종할 때는 삽이 아니라 호미를 쓴다고 했다. 밭 한쪽에 모아 놓은 농기구 중 호미 하나를 들고 가니 낯선 말이 돌아왔다. "낫 말고 호미요." 나는 뭐가 낫이고 호미인 줄도 모르고 있었다. 호미를 챙겨 가서 소심하게 호미질을 하고는 주변을 둘러보며 다른 밭을 구경했다. 뭘 해야 할지 몰라서 쭈뼛거리다가 사람들에게 좀 도와 달라고 했다. "밭을 일군 거예요?" "그냥 좀 팠어요." "우선 고랑을 만들어 봐요" "고랑은 어떻게 만들어요?" 그때부터 호미를 든 유진 쌤이 내 옆에 붙어 차근차근 알려 줬다. 이 밭에서는 내가 알아들을 수 있는 말이 거의 없었고, 그런 상황이 신기하면서도 낯설었다.

유진 쌤이 알려 준 대로 고랑을 만들어 한 줄로 텃밭에 길을 냈다. 그다음 흙을 조금 헤집다가 청상추 씨앗 봉지를 뜯었다. 약을 치지 않은 상추씨는 맨손으로 만져도 된다 해서 장갑을 벗고 작은 씨앗을 듬성듬성 뿌렸다. 씨를 다 뿌린 뒤에는 흙으로 살짝 덮었다. 보통 씨 크기의 세 배 정도로 흙을 덮는데, 상추씨가 아주 작아서 흙을 덮는 둥 마는 둥 살짝만 헝클어 주면 된다고 했다. 그 위에 나뭇잎을 몇 개 올렸다. 이렇게 하면 씨앗이 물을 한 번에 많이 흡수하지 못하게 된다고 했다.

씨앗을 심으면서 《아나스타시아》에서 읽은 이야기가 떠올랐다. 블라지미르 메그레가 지은 '아나스타시아' 시리즈는 문명 세계를 살아가는 저자가 아나스타시아라는 러시아 여성을 만나서 들은 경험과 지혜를 들려주는 책이다.

자연이랑 깊이 교감하면서 자연 속 일부로 살아가는 신비로운 이 여성은 문명화된 사람들이 알지 못하는 많은 이야기를 주인공에게 알려 준다. 씨앗 이야기도 그중 하나다. 씨앗에는 우리 생각보다 훨씬 더 신령한 힘이 깃들어 있는데, 특히 생명을 살리고 병을 낫게 하는 능력이 대단하다고 말한다. 병을 치료하려면 씨앗에 그 사람의 정보를 담아야 하는데, 아나스타시아가 알려 준 방법은 이렇다.

먼저 혀 밑에 물고 있던 씨앗을 손바닥에 뱉은 뒤 양손으로 포갠다. 씨를 심을 땅에 맨발로 30초 동안 서 있다가 조심스레 입에 가까이 댄 뒤 심장에 있는 공기를 내뱉는다. 그렇게 하면 입김으로 작은 씨앗이 따뜻해지면서 그 사람에게 있는 정보가 전해진다고 한다. 그다음 손바닥을 펴서 하늘에서 내리쬐는 빛에 30초 동안 씨앗을 보여 준다. 이때 씨앗은 자기가 싹 틀 순간을 정한다. 여기에서 씨앗을 땅에 심고 나서 사흘이 될 때까지 물을 주면 안 된다는 점이 중요하다. 물을 주면 사람이 입김으로 전한 정보가 씨앗에 스며들지 못하고 씻겨 나가기 때문이란다. 어떤 사람은 허무맹랑하고 미신 같은 이야기라고 할지 몰라도, 나는 여기에 깃든 신성함을 믿고 싶었다. 생명을 피우는 씨앗에는 우리가 다 알지 못하는 신비로운 힘이 있다고 생각하기 때문이다. 머지않아 나도 아나스타시아가 알려 준 대로 당근 씨앗을 심을 생각이다.

다섯 이랑에 청상추를 심고 양옆으로 고랑을 하나씩 더

파서 들깨와 백일홍을 심었다. 밭에 꽃이 피면 예쁘다는 말을 듣고 씨앗을 좀 얻어서 되는 대로 뿌린 것이었다. 텃밭 한쪽에 해바라기를 심자고 해서 벽 따라 해바라기 씨앗도 심었다. 이날은 근처에 올라온 파 몇 개를 뽑아 파전을 부쳐 먹는다고 했다. 방금 뽑은 파를 앞에 두고 나는 물었다. "파는 어떻게 다듬어요?" 사람들이 모두 웃었다. 무엇을 어떻게 해야 할지 몰라 이것저것 계속 물어야 했지만, 이상하게 그 시간이 좋았다. 사람들이 알려 준 대로 뿌리 끝을 칼로 자르고 가늘어 보이는 가닥을 잡아 위로 당기면서 껍질을 살살 벗겼다.

손질한 파와 부추에 밭에서 막 딴 방아 잎을 넣어 반죽했다. 가스버너 위에 프라이팬을 올리고 파전을 부치자 금세 고소한 냄새가 퍼졌다. 3월이지만 아직은 찬 공기 속에 둘러앉은 사람들이 갓 구워 따끈따끈한 파전을 나눠 먹었다. 텃밭에 따라와서 곳곳을 헤집고 다니던 강아지도 곁에 앉아 파 없는 파전을 야금야금 얻어먹었다. "소금만 있으면 딱 좋았겠다." "약간 싱겁기는 한데, 그래도 충분히 맛있는데요?" 곁에 앉은 나는 먹지 못하는 파전 맛을 상상했다. 소금이 없다는 말에 '아, 아쉽네' 하다가 그래도 맛있다는 말에 고개를 끄덕였다.

봄바람과 햇볕, 파전 냄새가 어우러진 텃밭에 앉아 있자니 궁금해졌다. 이 씨앗들은 어떻게 자라날까. 내가 아무렇게나 흩뿌린 상추 씨앗이 자라서 상추가 되는 날이 올까. 내 밭에 예쁜 백일홍이 피어날까. 4월 초에는 당근과 애호박을 심기로 했다. 몇 년간 방치된 이 작은 텃밭에 생기와 온기가 깃들기를, 씨앗이 신비로운 힘을 잘 발휘하기를 바라면서 집으로 돌아왔다.

밀 벌레, 바구미

한때 이탈리아 브랜드에서 나온 파스타를 자주 먹었다. 목음 체질에 잘 맞는 식재료가 밀이기 때문이다. 이탈리아 면은 품질이 좋은데다 첨가물 없이 100퍼센트 밀로 만든 제품이라고 해서 쭉 믿고 구매했다. 똑같은 파스타이지만 종류가 다양해서 가장 기본인 스파게티부터 페투치네, 푸실리, 펜네 등 몇 가지를 먹어 본 뒤 페투치니에 정착했다. 스파게티보다 더 넓적한데다 식감도 부드럽고 간이 잘 배어서 입맛에 잘 맞았다. 삶은 파스타에 홍화씨기름과 간장을 살짝 두르거나 오트밀을 뿌리는데, 별것 없지만 질리지 않고 먹을 때마다 맛있다.

파스타를 즐겨 먹던 즈음, 한날은 면에 붙은 검은깨가 눈에 들어왔다. 휴지 위에 올려놓고 잘 들여다보니 생김새가 꼭 벌레 같아서 좀 께름칙했지만, 설마 벌레가 들어갈 리가 있을까 싶어 간장에서 나온 찌꺼기로 짐작하고 그냥 먹었다. 종종 간장에서 비슷한 이물질을 본 기억이 났다. 그런데 일부러 간장을 뿌리지 않은 날에도 어김없이 그런 검은깨가 한두 개씩 나왔다. 혼란스러웠다. 얼마 뒤에는 파스타를 한참 삶는데 검은깨 여러 개가 물 위에 둥둥 떠다녔다. 도대체 어디서 생기는 애들이지? 답답한 마음에 한동안은 삶기 전에 면을 들고 유심히 살펴봤다. 주먹만 한 크기로 동그랗게 말려 있는 페투치니를 한 덩어리씩 꼼꼼히 들여다봐도 벌레는 전혀 보이지 않았다. 그런데 삶기만 하면 검은깨가 또 생겨났다. 희한한 일이었다.

어느 날, 평소처럼 삶기 전에 파스타를 살피다가 검은색 작은 점을 봤다. 다른 덩어리에도 군데군데 검은 점이 눈에 띄었다. 그동안 겉으로 보이는 벌레만 신경 쓰느라 면 안에 이물질이 들어 있을 가능성은 놓친 모양이었다. 그날은 작정하고 면이 익는 과정을 계속 지켜봤다. 딱딱한 면이 부드러워지면서 면 안에 띄엄띄엄 박힌 검은 점이 물 위로 둥둥 뜨기 시작했다. 불길한 짐작대로 벌레가 맞는 듯했다. 죽은 벌레였다. 통밀 가루에서도 비슷한 벌레를 본 기억이 어렴풋이 떠올랐다. 그때도 벌레일 리 없다고 생각하면서 그냥 먹었는데……. 얼마 전부터 나처럼 식이 조절을 하기 시작한 친구도 비슷한 이야기를 했다. 유기농 통밀 가루로 수제비를 반죽하는데 벌레처럼 보이는 아이들이 있었다고. 충격을 받은 나는 곧바로 파스타를 듀럼밀 100퍼센트로 만든 다른 이탈리아 브랜드로 바꿨고, 그때부터 검은깨 닮은 벌레도 더는 만나지 않았다.

안타깝게도 벌레는 파스타 속 시체로 끝나지 않았다. 똑같이 생긴 벌레들이 한두 마리씩 집 곳곳을 기어다니기 시작했다. 영문을 알 수 없어서 당황스러웠다. 여기저기를 뒤지다가 사건의 진원지를 알아냈다. 식재료를 넣어 두는 작은 방에서 벌레들이 서식지를 넓히고 있었다. 정확히 말하면 파스타 상자가 놓인 쪽이었다. 아직 개봉하지 않은 파스타에서 저절로 생긴 벌레인지, 아니면 다른 데에서 옮겨온 벌레인지 확실하지 않았다. 파스타 근처에 오래전에 사 놓은 자연 농법 재배 통밀이 있었는데, 그 주위에도 벌레가 많았다. 농약 안 친 통밀에 시간이 지나면서 벌레가 생긴 듯했다. 벌레 꼬인 식재료들을 치우고 작은 방 곳곳을 청소했다.

그렇지만 생존력과 번식력이 대단한 그 아이들은 이미 곳곳에 퍼져 있었다. 그때부터 전쟁이 시작됐다. 벌레들은 창고 방을 벗어나 점점 서식지를 넓히더니 안방까지 차지했고, 어느 때는 내가 입은 옷에 붙어 있기도 했다. 그때마다 소름 끼치게 놀랐다. 걸핏하면 주변이나 바닥을 둘러봤고, 어디에 있을지 모를 벌레를 떠올리며 불안에 떨었다. 가만히 있어도 몸이 근질거렸다. 자다가 벌레에게 시달리는 악몽도 여러 번 꿨다. 밀에서 생겨서 '밀 벌레'라고 부른 그 아이들하고 나는 몇 계절을 동거했다.

며칠 전 마을텃밭에서 뽑은 파로 전을 부쳐 먹을 때였다. "부침가루로 반죽을 하려는데 바구미들이 막 있더라고. 농약을 안 치니까 벌레들이 이렇게 생기는 거지. 건강하다는 말이잖아." 부추전을 굽던 동네 이웃이 말했다. 내가 되물었다. "밀에서 나오는 벌레 이름이 바구미예요?"

아, 그 벌레를 바구미라고 하는구나. 낯선 이름과 '건강하다'는 말이 함께 귀에 들어왔다. 맞다, 농약을 치지 않으니 그런 벌레가 생기는 일은 자연스럽다. 벌레가 먹을 수 없는 음식은 사람도 먹지 못하니까. 나는 물론 다른 생명을 다 함께 살리는 건강한 음식을 먹고 싶다고 말하면서도 왜 벌레에 그토록 기겁했을까. 벌레를 보고 끔찍하다는 생각만 했는데, 알고 보니 내가 먹는 음식이 그만큼 건강하다는 뜻이었다.

얼마 뒤 수업 시간에 아이들이랑 보리출판사에서 나온 《곤충 도감》을 함께 보면서 쌀바구미를 만났다. '갈무리해 둔 쌀이나 보리나 밀이나 수수나 옥수수에 꼬이는 해충'이라고 적혀 있었다. 어른벌레는 석 달에서 넉 달을 살면서 알을 백 개 넘게 낳는다고 하니, 집 안에 그렇게 많은 벌레가 빠르게 번식한 상황이 이해됐다. 벌레가 꼬인 이유도 따지고 보면 내 게으름이니 성실한 바구미를 탓할 일은 아니었다. 나도 바구미도 다 먹고살려고 노력하고 있을 뿐. 그렇게 생각해도 바구미를 다시 마주치고 싶지는 않다. 바구미를 보고 소스라치게 놀라지 않을 자신도 없다. 나는 아직 공부가 더 필요한 사람이다.

몸과 몸

얼마 전 베트남으로 가족 여행을 다녀왔다. 네 식구가 함께하는 첫 여행인데다 체질식을 시작한 뒤 처음 떠나는 외국 여행이라 더 각별했다. 식이 조절과 여행을 병행하기란 은근히 부담되는 일이라 떠나자고 결심하기까지 나름대로 용기가 필요했다. 그래서 3박 5일 여정을 마치고 돌아오는 길에는 그럭저럭 잘해 낸 내가 대견해서 마음이 좀 뭉클했다. 낯선 곳에서 가족들하고 별문제 없이 시간을 보내고, 체질 과일인 롱간(용안)도 난생처음 맛보고, 미니 밥솥을 챙겨 가 여행 내내 밥도 지어 먹고……. 무엇보다 음식의 유혹에 휘말리지 않고 울적한 기분에 시달리지도 않고서 씩씩하게 잘 보낸 시간이 뿌듯했다. 지금 돌아보면 작은 산 하나를 넘은 듯한 해방감이 든다. 이제는 더 먼 곳도 여행할 수 있겠다는 자신감이 생겼다.

집에 돌아온 뒤 며칠은 여행이 남긴 여운 속에서 보냈다. 그때마다 이상하게도 둘째 날 받은 마사지가 가장 먼저 떠올랐다. 전신 마사지를 처음 받았고, 가이드가 말한 대로 실력이 뛰어난 곳이라 기억에 남기도 했지만, 그 정도가 전부는 아니었다. 마사지를 받는 내내 내 몸에서 일어난 변화와 거기에서 비롯된 여러 생각 덕분에 그 시간이 더 특별하게 다가온 듯했다. 여행을 떠나기 직전에 위가 아파서 한참 고생한 영향도 있었다.

여행 둘째 날, 가이드가 마지막 일정인 마사지를 앞당기자고 해서 아침을 먹자마자 마사지 숍으로 갔다. 단둘이 마사지실을 쓰게 된 엄마와 나는 옷을 갈아입고 따듯한 물에 발을 담갔다. 족욕을 마치고 시작된 마사지는 어깨부터 발, 두피, 귀, 목덜미, 어깨, 팔, 손가락, 다리, 등, 허리까지 전신으로 뻗어 나가며 두 시간가량 이어졌다. 누구에게 온전히 내 몸을 맡긴 적도, 다른 사람이 내 몸을 구석구석 그토록 세심하게 어루만진 적도 처음이라 모든 과정이 새로웠다. 특히 마사지를 시작하자마자 몸이 보인 반응을 잊을 수 없다. 몸속 장기들이 활발히 순환하면서 막히고 엉킨 곳이 모두 뚫리고 풀리는 듯한 느낌이었다. 발바닥과 목덜미, 팔과 다리를 주무를 때마다 위장이 반응하면서 소화가 됐고, 혈액이 돌면서 몸이 뜨거워졌다. 배가 부글부글해 가스가 나올까 봐 난처할 정도였다. 긴장이 풀리자 통증도 줄어들어 몸 전체가 편안해졌다. 그러니까 그 시간은 단순히 마사지가 시원하다는 차원을 넘어서 몸에 관한 사유를 불러일으킨 낯선 경험이었다.

마사지를 받으면서, 새삼 몸이 지닌 유기적 연결성을 생생하게 느꼈다. 머리로 알고는 있어도 짧은 시간 안에 이만큼 강렬하게 체험한 적은 없었다. 돌아보면 한의원을 처음 찾아간 때만 해도 이 단순하고 당연한 사실을 망각하고 있었다. 우리 사회 의료 시스템에 익숙해지다 보니 나도 모르게 단절된 사유에 길든 상태였다. 내 몸은 언제나 부분적으로 구획돼 몸과 건강을 바라보는 총체적 관점을 지니기 어려웠다. 이를테면 이전에는 아픈 곳만 치료하면 된다고 생각했다. 위가 아프면 내과에 가고 피부가 가려우면 피부과에 가는 것이 당연했다. 통증 부위만 집착했지, 내 몸을 온전하게 한 몸으로 생각하지 못했다. 내가 아는 치료란 그런 방식이 전부였다.

원인을 찾지 못한 채 긴 시간 앓은 몸을 치료하는 여정도 별반 다르지 않았다. 이비인후과, 신경외과, 정형외과, 내과, 가정의학과, 영상의학과, 치과, 안과, 정신건강의학과까지 조금이라도 관련 있는 진료과를 찾아가 진료받고 병명을 기다리는 일을 반복했다. 통증 없이 살고 싶다는 간절한 마음으로 일반 병원부터 대학 병원까지 병원 순례를 다닌 그 나날들 속에서 내 몸은 끊임없이 분절됐다.

어떤 증상은 이제 약을 먹어도 별다른 효과가 없었다. 양의학하고는 몸에 접근하는 방식이 다른 한방에서도 내 몸은 쉽게 치료되지 않았다. 소화 장애를 치료하려고 한약을 먹자 위장 문제는 나아졌지만, 통증이 말도 못 하게 심해졌다. 또 다른 한약을 복용한 뒤에는 가슴이 답답한 증상을 겪기도 했고, 건강식품으로 홍삼 진액을 먹고 심장이 계속 두근거려 밤새 잠을 못 자기도 했다. 그럴 때마다 어려운 수수께끼를 풀 때처럼 혼란스럽고 당혹스러웠다. 좀체 파악하기 어려운 이 의문투성이 몸을 끌어안고 나는 서서히 지쳐 갔다.

이런 의문과 혼란은 체질 의학을 만나면서 조금씩 풀리기 시작했다. 이곳에서는 분절된 방식을 온전한 치료로 보지 않았다. 하나를 얻고 하나를 잃는, 때로는 얻는 것보다 잃는 것이 더 많은 불완전한 치료법으로 여겼다. 몸은 다 연결된 만큼 약이나 주사로 증상을 완화할 수는 있어도 신체 다른 부분에 또 다른 문제가 생기거나 장기적으로는 더 악화할지도 모른다고 했다.

그러니까 몸은 내가 생각하는 정도보다 더 세심한 방식으로 곳곳이 이어져 있었고, 그런 특성을 배제한 채 받는 치료는 또 다른 부작용을 낳을 수밖에 없었다. 체질 의학은 이렇게 몸이 지닌 연결성을 다시금 깨우쳐 줬다. 그런데 과연 내 몸만 그럴까. 우리 몸은 각각의 장기나 기관뿐 아니라 다른 몸들하고도, 이 세상하고도 미묘하게 이어져 있지 않을까. 그날 한 마사지 체험은 나를 그런 생각까지 도달하게 했다.

그날 나와 엄마는 따뜻하게 달군 돌을 이용한 스톤 마사지를 받았는데, 돌은 중간에 잠깐 사용하고 대부분 마사지사가 손으로 직접 온몸을 매만졌다. 마사지를 받는 내내 나를 놀라게 한 신체 반응은 바로 그 손길에서 비롯됐다. 그 손은 나랑 나이도 비슷하고 체구도 닮은 한 여성이 지닌 몸의 일부였다. 나른하고 행복한 와중에도 나는 내 몸 구석구석을 어루만지는 손이, 그 손을 지닌 한 사람이 떠올라 어쩔 수 없이 자꾸 마음이 쓰였다. "괜찮아요?" "안 아파요?" 정작 힘든 사람은 자기일 텐데도 어색한 한국어로 계속 묻는 목소리를 들으면서 이 역전된 상황이 새삼 의아했다. 나야말로 힘들지 않냐고, 고되지 않냐고 묻고 싶었다. 내 몸에 닿는 또 다른 몸, 내 몸을 시원하게 해 주는 악력이 고스란히 전해지면서 마사지사가 쏟는 수고와 그 몸이 느낄 고단함이 순간순간 더 깊이 와 닿았다. '나라면 마사지 한 번 하고서 몇 날 며칠을 앓아누울 텐데. 이런 노동에 견주면 수업하고 나서 힘들다고 말하는 내가 왠지 엄살 같네.' 이런 생각을 하면서 내 살갗에 닿는 다른 몸을 체온으로 느끼고 상대의 몸과 마음을 가늠했다. 그러다가도 어느 순간 그저 노곤하고 나른한 기분에 빠져들었다. 내가 사랑하는 사람의 손이라면 절대 그러지 못할 것이었다.

아픈 곳이 많던 엄마는 어린 딸이 안마해 줄 때마다 마음이 아프더라고 자주 말했다. "그 고사리 같은 손으로 어찌나 야무지게 힘을 주면서 안마를 하던지." 어깨며 허리가 너무 아파 좀 주물러 달라며 종종 엎드리던 엄마는 얼마 지나지 않아 이제 괜찮다며 돌아누웠다. 더러는 내가 힘들까 봐 등 위로 올라와 발로 밟으라 했고, 그러면 나는 두 발로 엄마 등을 요리조리 밟고 다녔다.

그때가 떠올랐을까. 마사지가 끝나고 둘만 남은 방에서

옷을 갈아입으며 엄마는 말했다. "시원하긴 한데, 아이고 마음이 아파서……." 엄마도 나도 몸이 약해 이곳저곳 아픈 곳도 많고, 힘을 많이 쓰거나 몸이 축나는 일은 잘 못하는 편이다. 그래서 마사지사가 하는 노동에 더 마음이 쓰인 것인지도 모르겠다. 그러니까 그날 나는 내 몸의 유기성뿐 아니라 나와 타인의 몸 사이에서 어떤 연결감을 느꼈다. 나를 시원하게 해 주는 손길에서 고되고 힘든 상태에 놓인 상대방을 알아차렸고, 그러다가도 애써 모른 척 시원하다는 느낌만 받고 싶은 내 마음도 마주했다.

몸은 안락한데도 마음 한편이 자꾸 불편했다. 쉬지 않고 타인의 몸을 어루만지는 고강도 노동에 견줘 수입이 턱없이 적다는 사실을 알기 때문이었다. 동남아 여행을 가면 '1일 1마사지'를 받는 사람이 많다고들 했다. 여행 기간 내내 그 나라 언어를 익힐 필요가 없을 정도로 한국어로 응대하는 상인도 자주 마주쳤다. 물가가 싸고 말이 통해서 편한데도 흥정을 계속하며 값을 조금이라도 더 깎으려 한 내 모습을 떠올리면 낯이 뜨거워진다.

이국땅에서 만난 낯선 노동자에게 마사지를 받으며 몸과 몸이 또 다른 연관 속에서 이어져 있다는 느낌을 받았다. 망각하기 쉬운 한 사람의 노동이 내 생활의 편리와 풍족을 도왔듯, 내 몸으로 찾아온 통증도 그렇게 세상에 연결돼 있을 터였다.

미니 밥솥 들고 떠난 여행

미니 밥솥을 샀다. 야외에서 주로 쓰는 일인용 밥솥인데, 아담한 크기에 콘센트만 있으면 어디서든 밥을 지을 수 있다. 더운 나라에 가면서 내 식량을 어떻게 챙겨 갈지가 고민이었는데, 이 미니 밥솥 덕분에 걱정을 덜었다. 택배가 도착하자마자 손바닥만 한 밥통을 꼼꼼히 씻고 통밀과 귀리를 불려 밥을 지었다. 대성공이다! 크기는 작아도 제구실을 톡톡히 해 내는 품이 대견하고 기특했다. 고슬고슬하게 잘 지은 밥으로 한 끼 식사를 마치고 미니 밥솥을 깨끗하게 씻었다. 이 녀석을 데리고 3박 5일간 베트남 가족 여행을 다녀올 계획이다. 아침마다 밥 짓는 일이 번거롭겠지만, 그래도 여행지에서 갓 지은 밥을 먹을 수 있다고 생각하니 든든했다.

체질식을 시작한 뒤로 여행은 언제나 부담스러웠다. 먹을거리를 얼마큼 준비해야 할지 가늠하는 일도 그렇지만, 집 밖에서 음식을 조리하는 과정이 쉽지는 않기 때문이다. 이래저래 신경 쓰다 보면 가기 전부터 마음이 무겁고 지친다. 게다가 여행지에서 체질식을 지키는 일은 평소보다 고단할 수밖에 없으니 지레 위축된다. 그래서 외박하는 여행을 떠난 횟수가 손에 꼽을 정도다. 챙겨 간 도시락 반찬이 상해서 못 먹거나, 여행지 분위기에 취해 체질식 루틴이 깨지거나, 준비한 식량이 다 떨어져 쫄쫄 굶으며 돌아다닌 경험은 장거리 여행을 더 망설이게 만든 기억이 됐다.

국내 여행도 이러니 외국 여행은 언감생심 엄두도 내기 어려웠다. '여행도 마음이 편해야 여행이지' 생각하면서 마음을 닫고 지냈다. 그런데 지난달 부모님이 갑자기 여행을 가자고 했다. 한 번도 외국 여행을 간 적 없는 부모님 소원도 들어 드릴 겸 고민 끝에 용기를 내기로 했다. 지금이 아니면 또 언제 시간을 맞출 수 있을지 모르니까. 외국 여행이 소원이라는 아빠 바람을 더는 외면하기 힘들겠다는 생각이 마음을 움직였다. 이번 기회에 여행을 대하는 마음의 벽을 조금 허물어트리면 좋겠다는 기대도 있었다.

여행을 가자고 결정한 뒤부터 부모님은 내내 내 걱정으로 마음을 많이 썼다. 아빠는 자주 전화해 먹을거리를 챙길 방법을 물었는데, 그때마다 별일 아닌 듯 괜찮다고, 다 방법이 있다고 서둘러 이야기한 뒤 얼른 화제를 바꿨다. 아빠하고 나누는 대화에서는 대개 비관이나 한탄이 도돌이표처럼 반복되기 때문이다. 반면 엄마랑은 조금 더 구체적이고 현실적인 대화를 나누는 편이다. 어느 날은 엄마가 말린 표고버섯을 넣고 밥을 지어 보자고 제안했다. 여행 내내 밥에 간장이나 소금만 조금 뿌려서 끼니를 때울 계획을 하던 나는 반색했다. "좋은 아이디어네. 그냥 밥만 먹는 것보다는 훨씬 낫겠다." 또 어느 날에는 장날에만 문 여는 뻥튀기집에 들른 엄마가 통밀뻥튀기를 잔뜩 만들어 왔다. 들고 갈 수 있는 간식이 제한적이니 중간중간 요기라도 하라는 배려였다.

출발하는 날 미니 밥솥을 커다란 에코백에 넣어서 비행기에 올랐다. 미리 지은 밥과 생협에서 산 연두부, 도토리묵, 약단밤도 챙겼다. 이른 아침이면 숙소에서 미니 밥솥에 밥을 지었고, 남은 밥은 도시락으로 싸 가서 점심과 저녁으로 먹었다.

여행지에서 내가 먹을 수 있는 과일도 만났다. 내 체질에는 롱간, 리치, 람부탄 같은 열대 과일이 맞는데, 그중 롱간을 처음 맛본 것이다. 내가 롱간을 먹을 수 있다고 하자 가이드는 자기가 먹으려고 시장에서 산 롱간을 건넸다. 숙소 체크인을 기다리며 로비에 앉아서 한 알을 먹고는 반하고 말았다. 연한 갈색 껍질을 까면 씨가 든 흰 알갱이가 나오는데, 포도랑 비슷하면서도 훨씬 달았다. 가이드도 롱간을 특히 좋아해서 자주 사 먹는다고 했다.

다음 날 아침에 조식을 먹으러 가니 롱간이 있어서 또 배불리 먹었고, 일정 중에도 롱간을 챙겨 가서 틈틈이 간식 삼아 즐겼다. 하노이에서는 도시락을 고속버스에 두고 오는 바람에 저녁거리가 없었는데, 보조 가이드가 롱간을 사다 준 덕분에 끼니를 때웠다. 베트남 여행에서 롱간을 정말 원 없이 맛봤다.

가족들이 식당에서 음식을 먹을 때면 나는 도시락을 꺼내 밥을 먹었다. 무제한 삼겹살집, 샤부샤부, 닭볶음탕, 분짜와 쌀국수 등 대부분 메뉴에 고기가 들어가서 일반식을 하더라도 내가 그다지 즐겨 먹을 식단은 아니었다. 거의 한인 식당이고 겉보기에 그리 맛있어 보이지도 않아서 여행 내내 음식 유혹을 겪을 일이 별로 없었다. 그래도 가족들이 더 맛있는 식사를 하면 좋겠다는 아쉬움은 남았다. 마지막 날 어느 카페에서 맡은 위즐 커피는 향이 정말 좋아서 꼭 한 모금 마시고 싶었지만, 그 밖에는 대체로 음식 때문에 곤혹스러운 일 없는 무난한 여행이었다.

　음식을 가리면서 장기 외국 여행을 할 수 있을까? 주변 환경이 다른 외국에서 체질식을 잘 실천할 수 있을까? 늘 궁금했다. 어쩌면 속으로 '안 될 거야'라는 답을 미리 정해 둔 채인지도 모르겠다. 이번 여행으로 의문이 어느 정도는 풀렸다. 막상 부딪히면 다 답이 있고 길이 열리는구나. 시도하기 전부터 의기소침해서 걱정을 떠안을 필요는 없다는 사실을 다시 새길 수 있었다. 살면서 실수를 저지를 때가 많다. 해 보지도 않고 지레 겁먹고, 포기하고, 그렇게 내 삶을 쪼그라트리는……. 이제 음식 때문에 머뭇거리기보다는 되도록 마음을 내어 시도하고 싶다. 좀 번거롭고 막막하더라도 하나하나 방법을 찾고 싶다.

넘어서기, 아니 밀어내기

한 해를 얼마 남기지 않은 연말, 우연히 정토회 유튜브 채널에 올라온 공지를 봤다. 새해부터 21일간 108배 수행에 참여할 도반을 모집한다는 글이었다. 잠깐 고민하다가 참가 신청서를 썼다. 12월 31일 저녁에 오픈 채팅방이 개설되고 나서야 현실감이 들었다. 내가 무슨 짓을 한 거지? 괜히 새해 첫날을 자책하며 맞이하게 될까 봐 걱정스러웠다. 막상 하려고 보니 21일이라는 기간이 너무 길게 느껴지는데다 지금껏 108배를 제대로 해 본 적도 없다는 사실이 떠올랐다. 이미 저지른 일, 21일을 다 못 채우더라도 새해 첫날만은 반드시 성공하자는 마음을 먹고 알람을 맞춘 뒤 선잠을 들었다.

2025년 1월 1일 새벽 4시 50분, 알람 소리를 듣고 벌떡 일어나서 비틀거리며 108배 수행 영상을 틀었다. 발원문을 읽고 목탁 소리에 맞춰 절을 시작했다. 겨우 열 번 했을까, 숨이 차면서 힘들다는 마음이 스멀스멀 올라왔다. 쉰 번을 넘어서니 땀이 나고 다리가 조금씩 후들거렸다. 일흔 번을 넘기니 목이 쩍쩍 갈라졌다. 나도 모르게 계속 입으로 숨을 쉬어서 목이 건조해진 탓이었다. 딱 물 한 모금만 마시고 싶다, 허벅지가 아프다, 숨이 차다, 못 하겠다, 언제 끝나나 생각하면서 꾸역꾸역 절을 했다. 20여 분 만에 108배를 마쳤다. 이마에 땀이 송골송골 맺히고 몸 전체에 열기가 느껴졌다. 절을 마치고 이어진 5분 명상 시간은 어찌나 달고 편안하던지. 수행이 끝나면 채팅방에 간단한 소감을 올려야 했다. '정말 힘들었다. 그래도 계속 하니 108번을 하게 됐다.' 어쨌든 새해 첫날 과제를 잘해 낸 만큼 뿌듯한 마음으로 짧은 일기를 쓴 뒤 다시 스르르 잠이 들었다.

그날 하루는 내내 허벅지가 땅겼다. 학교 다닐 때 체력장이나 오리걸음을 한 다음 날 어정걸음을 하듯이 절뚝절뚝 걸었다. 둘째 날은 더 아팠고, 셋째 날은 둘째 날보다 더 아팠다. 근육이 풀릴 새도 없이 매일 절을 하니 근육통도 나날이 심해졌다. 이대로 하루하루 통증이 더 커지면 어쩌나 걱정했는데, 넷째 날 새벽에는 신기하게도 다리가 전혀 안 아팠다. 절을 하면서도 계속 의아했다. 108배 수행을 끝내고 소감을 올리는데 다른 사람들도 '오늘은 다리가 덜 아프다'고 했다. 나만 받은 느낌이 아니었다. 그 순간 어떤 고비를 하나 넘어선 듯한 생각에 커다란 희열이 찾아왔다. 몸이 변화하는 과정을 직접 경험하고 나니 작심삼일이라는 말이 새롭게 와닿았다. 내 몸이 바로 그 삼일의 기적을 보여 주는구나!

108배 수행을 시작한 지 15일째 되는 날에는 이런 일기를 썼다. "그사이 나름대로 새벽 루틴이 생겨서, 지금은 4

시 20분에 일어나서 108배를 한다. 어떤 날은 이제 108배가 별로 힘들지 않다고 느낄 만큼, 그저 길을 걸으면서 이런저런 생각을 하는 상태와 비슷한 느낌으로 절을 한다. 어느 날은 108이라는 숫자가 너무 아득하지만, 어떤 날은 너무 금방 50번, 70번에 도달하는 것 같다. 이런 날이든 저런 날이든 마음의 동요 없이 묵묵하게 이것을 해 내고 있어서 만족스럽다." 매일 새벽 절을 하면서 내 앞에 놓인 고난을 넘어설 힘을 기를 수 있기를 바랐다. 매일 걸려 넘어지는 어떤 어려움을 극복하는 내 모습을 상상했다. '그래, 이걸 할 수 있다면 다른 어려운 일도 해 낼 수 있을 거야. 지금은 어렵더라도 차차 하게 될지도 몰라. 몇 년 전에도, 지난달에도, 어제도 실패했지만, 머지않아 성공하게 될 지도 몰라.' 이런 생각을 하며 절을 했다.

그러니까 108배 수행 참여자를 모집한다는 글을 보자마자 충동적으로 신청한 이유는 내 앞에 꼭 넘어서고 싶은 난관이 있기 때문이었다. 바로 식이 조절에 적응한 뒤부터 줄곧 나를 괴롭힌 식욕이었다. 이번에야말로 타협하지 않은 채 이 강력한 습에 맞서서 정면 대결을 하고 싶었다.

체질식을 시작하고 나서 어느 때부터 음식을 향한 집착과 식탐이 생겼다. 이제 안 그래야지 하면서 아무리 다짐하고 각오를 다져도 쉽지 않았다. 그래서 바깥일을 보고 집에 돌아가는 길에는 늘 불안하고 초조한 마음이 된다. 집에 들어가자마자 내가 또 뭔가를 먹을 것 같다는 불길한

예감 때문이다. 달갑지 않은 짐작은 대체로 들어맞는다. 딱히 배가 고프지 않은데도 외출하고 들어오면 자연스레 그런 욕구가 강하게 일어난다. 어쩌면 아파트 입구를 지나 엘리베이터로 향하는 그 순간에 이미 알아채는지도 모르겠다. 아, 오늘도 먹겠구나. 지금 이 마음이라면, 먹지 않고는 배길 수 없겠구나. 현관문을 열고 집에 들어가면 예상대로 뭔가를 먹게 된다. 이러고 싶지는 않은데, 어쩔 수가 없다. 강제로 내 입에 음식을 넣는 사람도 없고, 매일같이 유혹에 넘어가지 않기를 이토록 간절히 바라는데, 도대체 왜 이런 상황이 반복될까. 늘 스스로 묻는다. 지금은 좀 나아졌지만, 몇 년 전에는 온종일 먹는 생각만 했다. 먹는 것만큼 강한 도파민을 주는 대상이 없었다. 다 소화하지 못할 음식을 먹고 늦은 밤이나 새벽에 응급실도 여러 번 찾았다. 그때마다 내가 답답하고, 한심하고, 부끄러웠다. 내가 나를 제어하지 못한다는 생각에 무서워지기도 했다. 지금 이 상태로 건강하게 살 수 있을까. 어떻게 하면 이 난관을 슬기롭게 극복할 수 있을까. 내내 그런 생각에 매여 산다. 다른 일은 마음을 먹으면 곧잘 지키는 편인데, 먹는 일은 왜 이토록 안 되는지 모르겠다. 사실은 내가 이 문제를 해결하려는 의지가 없는 걸까 하는 의심마저 든다.

돌아보면 지난 몇 년은 반복되는 이 어려움을 충실하게 겪은 시간이었다. 어리석은 짓을 저지르고 괴로워하다가 다시 새로운 하루를 희망하면서 살았다. 어쩌면 이런 방식이 내가 아픈 몸이랑 함께 살아가면서 얻은 깨달음이라고 할 수 있다. 몸이 낫는 과정에서 '단번에'나 '말끔하게'란 없기 때문이었다. 그 과정은 더디고, 오락가락하고, 불안했다. 괜찮아지다가 나빠지는 구간을 숱하게 오갔다. 나는 매일 온전히 새로워지고 단단해지기를 소망하지만, 그런 일은 내 상상 속에서나 가능할지도 모르겠다. 그저 울퉁불퉁하고 불완전한 삶을 이대로 끌어안고 살아가는 것이겠지.

21일간 이어진 아침 수행을 하루도 거르지 않고 무사히 마쳤다. 완주하지 못할 줄 알았는데, 하루하루 하다 보니 어느 날부터 몸이 저절로 제시간에 일어나 절을 하고 있었다. 수행을 마친 뒤에는 매일 천 원씩 모은 돈 2만 1000원을 정토회에 기부했다. 이 기세로 계속 108배를 하겠다고 다짐했지만, 딱 하루를 더 한 뒤 흐지부지됐다. 그래도 그 경험이 내 안에 작은 씨앗 하나는 남긴 듯하다.

절을 한 21일 동안 어떤 날은 평안했고, 어떤 날은 또다시 욕구에 휘말려 끙끙 앓았다. 내 생각처럼 단번에 뭔가가 바뀌지는 않았다. 매일 절을 하면서 이것 하나를 배웠다. 이제는 이런 내 모습조차 있는 그대로 받아들이고, 심하게 자책하거나 움츠러들지 않으면서 다시 해 보려 한다. 나는 내가 마음을 먹으면 시간이 걸리더라도 결국 그 방향으로 나아가는 사람이라고 믿기 때문이다. 어제까지 실패한 삶도 오늘은 다를 수 있다.

새해 첫날, 108배를 겨우 마치고 가뿐한 마음으로 책

한 권을 집어 들었다. 김언희가 쓴 시를 다룬 유사 비평집 《미친, 사랑의 노래》였다. 마지막에 실린 대담에서 대담자가 시인에게 물었다. 수시로 맞닥트리는 한계나 어려움을 어떻게 돌파하느냐고. 그 질문에 시인은 답했다. "돌파는 무슨, 그냥 밀고 나가는 거죠." 그 말이 한순간 내 머리를 환하게 밝혔다. 내 앞에 놓인 문제를 어떻게 하면 건강하게 잘 돌파할 수 있을까. 오랫동안 이 질문을 품고 살았다. 그런데 시인은 모든 일을 돌파해야 할 필요는 없으며 그럴 수도 없다고 말하고 있었다. 그냥 되는 대로 밀고 가는 방법도 있다고 알려 줬다. 한순간 어지러운 마음이 정갈해지는 듯했다. 그냥 힘닿는 만큼 넘어서기, 그렇게 성실히 밀고 나아가기. 올 한 해는 이 말에 기대어 살아볼 것이다.

열 번의 요가 수업

얼마 전부터 화요일 저녁마다 요가를 다니고 있다. 집에서 가까운 상가에 자리한 요가원이다. 자그마하지만 아늑한 이 공간에서 친구랑 단둘이 요가 수업을 듣는다.

어느 날 자메이카에서 직장 생활을 하다 돌아온 친구가 같이 요가를 다니지 않겠느냐고 물었다. 좋은 요가원을 아는데 소규모 수업이라 단둘만 들을 수 있다는 말에 혹했다. 첫 수업을 들으러 가서 금세 마음을 빼앗겼다. 방 하나 크기 소담한 실내에 은은한 조명과 향, 무리하지 않는 동작으로 몸 구석구석을 풀어 주는 수업 방식, 요가가 마무리될 무렵 몸을 이완하는 섬세한 과정까지. 모두 편안하고 만족스러웠다. 아로마 향이 깃든 따뜻한 손수건으로 얼굴을 덮고 휴식을 취하다가 싱잉볼 소리를 듣고 깨어나면 온몸에 쌓인 피로가 사르르 녹았다. 요가원을 나서면서 우리는 '극락'이라는 말을 반복했다.

집으로 돌아가는 길에 친구는 괜찮다면 매주 한 번씩 수업 열 번을 같이 들으면 어떻겠느냐고 물었다. 결혼이 얼마 안 남은 자기가 작별 선물 겸 비용을 내고 싶다는 말도 덧붙였다. "네가 돈을 왜?" "그동안 고마운 게 많아서 뭘

해 줄 수 있을까 생각하다가 우리가 같이 요가를 다니면 좋겠더라고. 그러면 이 동네에서 남은 시간을 더 의미 있게 보낼 수 있을 것 같아." 코끝이 찡했다. 어떻게 그런 생각을 할 수 있을까. 첫 수업도 친구가 비용을 댄 체험이라 차마 그 제안까지 받아들일 수는 없었지만, 마음만은 깊이 전해졌다. 그렇게 우리는 매주 화요일 저녁에 만나 요가를 마치고 가뿐해진 몸과 마음으로 귀가한다. 요가 수업이 있는 날은 친구랑 같이 걸을 겸 나도 친구네 옆 동인 본가에서 잠을 잔다. 수업이 한 회씩 줄어들 때마다 여기에서 함께 지낼 시간도 줄어드는 셈이라 더 애틋하다.

가끔은 좀 신기하다. 얼마 전만 해도 두 주에 한 번씩 줌으로 만나던 우리가 이렇게 같이 요가를 다니고 있다니. 나는 어린 시절부터 줄곧 이 동네를 안 벗어났지만, 친구는 고등학교를 졸업한 뒤 타지나 외국에 머물 때가 많았다. 20대 초반에는 오스트레일리아와 미국으로 워킹 홀리데이와 어학연수를 갔고, 대학을 마친 뒤에는 베트남에서 직장 생활을 했다. 코로나19 때문에 귀국한 뒤에는 곧 서울에서 일자리를 구했다. 얼마 뒤 부산으로 돌아온 친구는 자메이카 대사관에서 낸 채용 공고를 보고 지원하더니 그곳으로 훌쩍 떠났다. 작년 여름 잠깐 한국으로 휴가를 나와서 운명처럼 짝을 만나고는 4년째 이어진 외국 생활을 정리하고 귀국한 길이었다. 덕분에 우리는 아주 오랜만에 동네에서 같이 시간을 보낼 수 있게 됐다.

서로 사는 환경이 달라지고 물리적 거리가 멀어져도 우리 사이를 느슨하게 이어 준 고리는 책이었다. 학생 때부터 같이 독서 동아리를 하고 서로 책을 추천하면서 지낸 사이가 졸업한 뒤에도 이어진 것이다. 우리는 길에서 만나면 한참을 서서 시간 가는 줄 모르게 책 이야기를 나누다가 결국 대화를 끝내지 못하고 근처 카페를 찾아가거나, 카페도 문 닫은 늦은 밤에는 버스 정류장 온열 의자에 앉아 다 못한 이야기를 이어 갔다. 책도 책이지만, 초중고를 함께 다닌 우리가 성인이 돼 각자 자리에서 지내는 이야기를, 그러니까 서로 잘 모르는 시간을 교류하느라 분주했던 것 같다. 그렇지만 시간이 지날수록 그런 만남도 차차 뜸해졌다. 사는 곳이 다르다 보니 어쩔 수 없는 거리감이 생긴 탓이다. 우리는 가끔 연락을 주고받거나 오랜만에 만나 근황을 나누는 정도로 관계를 이어 갔다.

동네에서 여러 책 모임을 하며 관계를 돈독하게 가꾼 경험을 해 본 나는 종종 상상했다. 사회생활을 하면서 조금씩 소원해지는 친구들하고도 이런 모임을 고리로 만남을 이어 가면 어떨까. 허황한 꿈인 듯해 시도할 엄두를 못 냈는데, 문득 이 친구라면, 단둘이라면 할 수 있겠다는 생각이 들었다. 어느 날 친구에게 조심스레 말을 꺼냈다. 반가운 응답이 왔다. "너무 좋아!"

그때부터 둘만의 책 모임을 시작했다. 한국 시각 일요일 오전 7시, 친구가 있는 자메이카는 토요일 오후 5시에 줌으로 만난 우리는 혼자서는 읽기 힘든 어려운 이론서부터 만화나 동화, 소설, 에세이, 평론 등 여러 장르에 걸친 책을 읽고 이야기했다. 함께 읽은 책이 쌓일수록 떨어져 지낸 시간이 차츰 메워지면서 우리 사이도 더 깊어졌다. 어른이 돼 시작하는 책 모임이 대개 서로 잘 모르는 상태에서 진행되는 반면 우리 둘이 하는 책 모임은 어린 시절을 날것 그대로 잘 아는 두 사람이 만든다는 점에서 달랐다. 가깝다가 멀어지기를 반복하고, 서로 이해하기 어려운 시절을 지나오기도 한 우리가 이렇게 마주 보고 속 깊은 대화를 나눌 수 있다는 사실이 소중하고 각별했다. 말은 하지 않아도, 우리 둘 다 그런 마음으로 정성 들여 이 모임에 임한 듯했다. 덕분에 알게 됐다. 각자 자기 생활에 충실한 시간을 보내서 우리가 지금 더 단단하고 세심하게 우정을 이어 갈 수 있다는 사실을.

이야기를 마칠 즈음이면 내 화면은 방 안을 채운 햇살 때문에 점점 환해지고 친구 화면은 어두워져서 조명을 켜야 했다. 서로 다른 시공간을 이어 준 그 모임은 2년 가까이 이어졌다. 자메이카에서 시작해 귀국한 뒤까지 함께 읽은 책은 어느 문학 평론가가 쓴 저작이었다. 저자가 고른 단편 소설을 먼저 읽은 뒤 책에 실은 평론을 보는 방식으로 진행했는데, 외국에 사는 친구를 대신해 소설 원문을 스캔해서 건네는 일도 즐거웠다. 여러 도서관을 오가며 소설을 모으는 과정이 피곤하기는커녕 재미있고 설렜다. 혼자 읽으면 그런 부지런은 떨지 않을 텐데 친구랑 함께 읽으니까 기쁜 마음으로 할 수 있었다. 실은 그렇게 해서라도 고마운 마음을 전하고 싶었다. 친구의 성실하고 정성 어린 태도 덕분에 가볍게 건넨 제안이 뜻깊은 여정으로 이어진 사실을 잘 알기 때문이었다.

외국에서 매년 받을 수 있는 소포 무게가 정해져 있어서 종이책은 신중하게 주문한다던 친구는 우리가 함께 읽는 책만큼은 고민 없이 샀다. 그것뿐만이 아니다. 이야기하다가 나온 책을 금세 찾아 읽고 다음 모임에서 소감을 들려줘 나를 자주 놀라게 하는가 하면, 난해한 책을 이해하려고 외국 영상까지 뒤져 정리하는 열의도 보였다. 진지한 열정에 감응해서 나도 더 치열하게 책을 읽었고, 덕분에 대학원 시절 내내 콤플렉스이던 이론서 읽기에 다시 도전해 독파할 수 있었다.

친구가 한국으로 돌아온 뒤에는 화면이 아니라 얼굴을 마주 보고 책 대화를 나눈다. 읽는 행위에 오롯이 집중하자는 뜻을 담아 모임 이름도 '읽기'로 정했지만(가야트리 스피박이 쓴 《읽기》를 함께 읽고 지은 이름이기도 하다), 요즘은 책보다 다른 이야기를 나누는 시간이 더 많아졌다. 책에서 출발한 대화가 자연스레 몸과 음식 이야기로 이어지는 것이다. 자메이카에 있을 때부터 체질 의학에 관심을 보이던 친구가 팔체질 한의원을 찾아가면서 생긴 변화였다. 얼마 뒤 친구가 자기도 8번 목음 체질이라고 알려 줬다. 우리 둘이 같은 체질이라니! 주변에 이런 이야기를 나눌 수 있는 사람이 없어서 종종 아쉬웠는데, 정말 반가운 소식이었다. 치료하고 싶은 곳이 있어 친구도 나처럼 체질식을 하는 중이라 요즘에는 만날 때마다 먹는 이야기를 주고받느라 바쁘다. "네가 스치듯 한 말들이 무슨 뜻인지 이제 알겠어." 친구는 이런 말을 하면서 일상에서 마주한 변화나 고충도 들려준다. "이걸 못 지킨 날은 마음도 무겁고 괜히 더 짜증이 나더라고. 체질에 안 맞는 걸 먹으면 혹시 성격도 더 더러워지나?" 그 말에 웃음이 났다.

우리는 이렇게 요가를 하고 음식을 가려 먹으면서 느끼는 몸의 변화를 세밀하게 나눈다. 그중에서도 가장 많이 이야기하는 주제는 식재료다. 친구는 내가 소개한 두부집에 다녀온 뒤 다 똑같은 줄 알던 두부 맛이 이렇게 다르다니 신기하다며 놀라워했다. 나는 연신 맞장구를 치면서 다른 음식도 마찬가지라고, 다 비슷해 보여도 분명 맛이 다르다고 했다. 같은 가게에서 콩물을 사 먹은 이야기를 듣고는 그곳은 고소한 맛을 내려고 땅콩을 넣으니 알아 두라고 일렀다.

이제는 친구가 새로운 정보를 알려 주기도 한다. 맛소금이 있어서 그나마 다행이라는 친구에게 우리 체질은 맛소금을 못 먹는다고, 나는 생협에서 파는 국산 천일염만 먹는다고 말했더니, 얼마 뒤 이런 답이 돌아왔다. "한의원에 물어보니까 맛소금은 좋다던데? 유일하게 엠에스지가 맞는 체질이 우리래!" 친구 덕분에 몇 년 만에 나도 새로운 체질 지식을 알게 됐다. 며칠 전에는 내가 친구에게 소개한 오미자가 품절된다는 안타까운 소식을 들었다. 수익이 나지 않아서 올해부터 재배 작물을 바꿔 곧 판매가 끝난다는 안내문이 온 모양이었다. 여기저기 다 먹어 봐도 그곳만큼 품질과 맛이 좋은 데는 없었는데. 그곳에서 파는 건오미자를 마지막으로 여러 개 사면서 아쉬움을 달랬다.

친구는 요즘 파스타에 홍화씨기름과 맛소금을 살짝 뿌려서 끼니를 때운다고 했다. 별다른 것 없이 그렇게 먹어도 정말 맛있다고 말하는 모습을 보면서 친구도 새로운 섭식 세계에 제대로 발을 들이는구나 싶어 반가웠다. 나하고는 또 다르게 자기만의 식사법을 찾아가는 친구를 보는 일도 즐거웠다. 같은 체질이라도 각자 놓인 상황과 식성에 따라 구체적인 섭식 형태가 달라진다는 사실이 재미있다고 할까.

어느 날에는 집까지 걸어가면서 먹고 싶은 음식을 꼽아 봤다. 친구는 아귀찜과 동태탕 같은 얼큰한 해산물이 자주 떠오른다고 했고, 나는 라면에 김치, 칼칼한 된장찌개가 먹고 싶다고 했다. 둘 다 한목소리로 외친 음식은 달달한 디저트였다. "아, 먹고 싶다!" "아, 나도!" 이런 마음을 나눌 수 있는 사람이 곁에 있어서 얼마나 좋은지 모르겠다. 얼마 전 나는 친구에게 새로 산 두유 제조기로 만든 콩물을 건넸고, 친구는 압력으로 볶은 둥굴레가 고소하고 맛있다며 나눠 줬다. 같은 체질이라는 사실을 알게 된 뒤 식재료를 사거나 요리를 하거나 밥을 먹을 때마다, 새로운 음식 조합을 발견할 때마다 친구가 생각난다. 먹는 것으로 친구와 나는 더 진하게 이어진 듯하다.

요가 수업은 이제 세 번 남았다. 요가가 끝나고 며칠 뒤면 친구는 부산 이 동네를 떠나 다른 도시에서 새로운 삶을 시작한다. 그곳에서 펼쳐질 친구의 삶은 어떤 모습일까. 우리 만남은 또 어떻게 이어질까. 지금까지는 친구가 같은 동네에 없어도 물리적 거리를 뛰어넘을 만큼 가깝게 교류할 수 있다고 느꼈는데, 결혼은 왠지 좀 다른 느낌이다. 그래서 아쉽기도 하지만, 한편으로는 기대되고 궁금하다. 달라질 친구의 일상과 새롭게 맞이할 모든 순간이. 각자 자리에서 충실하게 사는 삶이 우정을 잘 가꾸는 또 다른 방법이라는 사실을 알게 됐으니, 진심을 담아 친구가 걸어갈 모든 순간을 기쁘게 응원하고 싶다.

두부를 많이 먹어라

아빠 장례를 치르고 왔다. 아무런 준비 없이 맞닥트린 일이라 가족 모두 경황없이 아빠를 보내 드렸다. 아빠가 그토록 가고 싶어한 외국 여행을 다녀온 지 5개월 만이다. 며칠 전만 해도 보고 만지던 한 사람이 이렇게 갑작스럽게 내 곁을 떠날 수 있다는 현실을 받아들이는 일이 얼마나 어려운지를 겪고 나서야 알았다.

허리 수술 때문에 입원하는 날, 아침 일찍 아빠랑 함께 짐을 챙겨 병원에 갔다. 간호사실에서 받은 쪽지를 들고 여기저기 돌아다니며 수술 전 필요한 검사를 받고 담당 의사를 만나서 설명도 들었다. 모든 절차를 마친 뒤 입원실에 들어가는 아빠를 보고 집에 돌아왔다. 그때는 감히 상상도 하지 못했다. 그곳에서 아빠가 먼 길을 떠나게 될 줄은.

이른 새벽 가족들하고 함께 아빠의 임종을 지켰다. 이미 의식이 없고 심장 박동도 많이 떨어진 아빠 손을 꼭 잡고 얼굴을 쓰다듬으면서 마지막으로 전하고 싶은 말을 했다. 아빠, 고생했어, 고마워, 고마워……. 전날 밤, 중환자실에 들어가는 아빠를 보고 돌아온 뒤 밤새 뒤척대다 일기장을 폈다. 무엇이 어떻게 고마운지 하나하나 쓰면서 이 마음이 아빠에게 전해질 수 있을까, 그러면 좋겠다고 생각했다. 많이 미워하고, 염려하고, 속상해하느라 아빠에게 고맙다는 말을 제대로 전한 적이 없다는 사실을 뒤늦게 깨달았다. 새벽 네 시 지나 중환자실에서 온 전화를 확인하고 심장이 요동쳤다. 아, 이제 정말 받아들여야 하는구나. 나에게도 이런 순간이 오는구나.

불행인지 다행인지, 슬픔에 더 빠질 새도 없이 장례식장으로 가서 해야 할 일들을 했다. 영정 사진을 고르고, 장례지도사를 만나 설명을 듣고, 상복을 갈아입은 뒤에 조문객을 맞았다. 아빠를 배웅하러 온 사람들에게 마음 담아 인사를 했다. 그날 저녁 일을 마치고 온 친구를 보고는 말없이 끌어안고 울었다. 친구가 종이 가방을 건넸다. 깎은 배와 따끈한 약단밤이 들어 있었다. 내가 먹을 수 있는 음식이었다. 그 마음은 오랜 시간이 지나도 잊지 못할 듯하다. 또 다른 지인은 내가 겨울이면 늘 찾아다니는 군밤 두 봉지에 핫팩을 챙겨 가져왔다. 밤이 안 식게 애쓴 그 세심한 마음을 어찌 잊을 수 있을까. 그 뒤에도 사람들은 내가 뭘 먹는지 걱정했다. 내가 먹을 음식은 좀 챙겨 갔냐고, 굶으면 안 된다고, 잘 챙겨 먹으라고…….

아빠가 고통받던 마지막 모습이 너무도 생생해서 어떤 음식도 입에 들어가지 않을 듯했는데, 종일 조문객을 받다가 저녁이 되니 점점 허기가 졌다. 친구가 준 종이 가방에서 배 몇 조각을 꺼내 먹었다. 다음 날은 밤도 먹고 오트밀을 뜨거운 물에 불려 끼니를 때웠다.

떠나기 며칠 전부터 엄마랑 교대해서 아빠를 보살폈다. 아빠는 다리가 안 움직이는 부작용 때문에 일주일 사이에 수술을 두 번 마치고 회복하는 참이었다. 여전히 움직임이 불편해서 손발이 될 보호자가 필요했다. 아빠랑 같이 다리를 움직이는 운동을 여러 번 하고 차츰 회복될 수 있다는 희망 섞인 이야기도 주고받았다. 물을 적게 넣은 믹스커피를 두 잔 타 드리고, 빨대 꽂힌 물컵에 새 물을 채우고, 냉장고에서 요플레도 꺼내 드렸다. 점심 식사를 돕고, 간간이 이런저런 심부름을 했다. 아빠는 휴대폰을 보면서 쉬고 나는 옆에 앉아 책을 읽었다. "두부를 많이 먹어라. 두부가 영양도 많고 최고로 몸에 좋다. 두부를 한 스무 개를 사서 냉동실에 넣어 두고 꺼내서 먹으면 된다. 두부만 한 게 없다." 아빠는 갑자기 두부를 많이 먹으라고 반복해서 말했다. "응, 알았어. 두부 많이 먹을게."

체질에 맞는 음식이라 한때 매일같이 먹던 두부를 끊은 지 일 년도 넘은 때였다. 두부를 만들 때 넣는 얼마 안 되는 첨가물에도 몸이 통증으로 반응하는 탓에 어쩔 수 없이 그만 먹게 됐다. '나는 이제 두부 안 먹는데, 왜 갑자기 두부 타령일까. 그리고 두부를 무슨 스무 개씩이나 사서 냉동 보관해. 구하기 어려운 음식도 아니고 그때그때 사 먹으면 되지.' 그렇게 간단히 넘긴 그 말이, 돌아보니 아빠가 건강한 모습으로 한 마지막 말이었다. 체질식을 하기 전에도 유독 좋아한 음식이 두부다. 어릴 적 아빠는 두부 공장 하는 집에 시집가라는 말을 자주 했다. 음식을 가리면서도 두부는 맛있게 먹던 내 모습을 기억해서 한 말일까. 두부를 많이 먹어라. 유언이 된 그 말이 가슴에 사무친다.

장례가 끝난 뒤부터 아빠 없는 집에서 엄마와 오빠랑 같이 지내고 있다. 지난주부터는 숙원인 엄마 체질 찾기도 시작했다. 엄마가 오전에 혼자 있기 무섭다며 내 집에 와서 하루를 보내던 날, 문득 한의원에 함께 가야겠다는 생각이 들었다. 얼마간은 집이 아니라 다른 곳에서 시간을 보낼 필요가 있겠다는 마음도 있었고, 한 달 가까이 상주 간병을 하고 장례를 치르면서 많이 쇠약해진 엄마가 걱정도 됐다. 뚜렷한 이유 없이 평생 몸이 아픈 엄마를 보면서 언제나 마음이 쓰였다. 체질 치료를 만나고 식단을 조절하면서 몸이 조금씩 나아지는 경험을 한 뒤 가장 먼저 떠오른 사람도 엄마였다. 나도 아파 본 적이 있어서 그런 삶이 얼마나 힘들고 외로운지 누구보다 잘 알았고, 그래서 더 애가 탔다.

그렇지만 엄마는 돌보고 챙겨야 할 가족이, 평생을 맞추고 살아온 남편이 있었다. 오랜 시간이 걸리고, 돈이 많이 들고, 음식을 철저히 가려야 하는 이 치료를, 제 한 몸을 우선으로 여기지 않으면 이어 가기 어려운 이 치료를 엄마가 받을 수 있을까. 4년 전, 여러 번 설득한 끝에 엄마를 한의원에 데려간 적이 있지만 한 번 만에 흐지부지되고 말았다. 그 뒤에도 호시탐탐 기회를 노렸지만, 아빠랑 같이 생활하는 동안에는 불가능하다는 현실을 깨달았다. 독립하고 나서는 내 생활이 바빠 예전만큼 신경을 못 썼다. 그래도 잊은 적은 없다. 아픔을 겪는 엄마가 언제나 돌덩이처럼 내 마음을 짓눌렀으니까. 내가 조금 더 애쓰면 가능할 듯한데 이렇게 내버려 둬도 되나. 이런 마음 또한 내 욕심일까. 그냥 마음 비우고 흘러가는 대로 맞춰 살아야 할까. 마음은 늘 두 생각 사이를 오갔다.

그런 시간을 뒤로하고 얼마 전부터 매일 엄마 손을 꼭 잡고서 체질 한의원에 다닌다. 나도 엄마가 체질을 찾는 모든 과정에 세심히 집중하고 있다. 아침 일찍 집을 나서서 진료하고, 돌아오는 길에는 그날 먹어야 하는 식재료를 사서 같이 점심을 먹는다. 일을 마치고 집에 돌아와서는 엄마에게 하루 동안 몸이 보인 반응을 물어보면서 체질표에 상세히 기록한다. "오늘은 어땠어?" 소화는, 피로도는, 통증은 어떤 상태인지, 화장실은 몇 번 다녀오고 잠은 푹 자는지 하나하나 확인한다. 체질을 찾는다고 해서 엄마가 나처럼 식이 조절을 잘 지키면서 생활할 수 있을지는 알 수 없다. 통증에서 온전히 해방될 수 있을지도 미지수다. 당사자 의지가 무엇보다 중요한 치료인 만큼 엄마가 마음먹기에 따라 달라질 수 있다는 사실도 안다. 많은 일이 내 마음처럼 흘러가지 않겠지만, 그래도 포기하고 싶지는 않다.

두부를 많이 먹으라고 하면서 아빠는 또 다른 말을 했다. "내가 죽으면 네가 엄마랑 살아라." 뜬금없다고 생각해서 별 대꾸도 하지 않은 말이다. 나는 그 말을 엄마가 조금이나마 덜 아프게 살 수 있게 네가 애를 좀 써 달라는 뜻으로 알아들었다. 그때는 몰랐지만, 지금 되새겨 보니 아빠는 늘 그렇게 엄마와 내 건강을 마음 깊이 염려했다. 아빠가 남긴 마지막 말을 떠올리면서, 나는 오늘도 엄마랑 함께 집을 나서서 한의원으로 간다. 우리는 그렇게 씩씩하게 애도하고 있다.